나만의 은행을 가질거야!

지 샘

Entrepreneurial Ideas

for

Self-Starting Kids

Adelia C. Linecker 지음
유정이 외(민족사관고 경제동아리 Ecorum) 옮김
나병률 감수

나만의 은행을 가질거야!

WHAT COLOR IS YOUR PIGGY BANK?

지 샘

나만의 은행을 가질거야!

2007년 4월 25일 인쇄
2007년 5월 2일 발행

지은이 / Adelia C. Linecker
옮긴이 / 유정이 외(민족사관고 경제동아리 Ecorum)
펴낸이 / 김 종 호
펴낸곳 / 도서출판 지 샘
         서울시 성동구 성수2가3동 279-39호
         TEL · 02-461-5858
         FAX · 02-461-4700
출판등록 / 제4-339호
ISBN 978-89-88462-87-4, 43320

목 차

셋째 날 ★ 돈 관리하기

수업을 마치면서 ★
처음에 성공하지 못한다고 해서... 160

✓ 옮긴이의 글

　저는 민족사관고등학교 경제동아리 Ecorum 회장 유정이예요. 현재 국제반 3학년 학생이랍니다. 이 책은 저희 Ecorum 동아리원들이 번역했어요. Ecorum은 경제(Economy)와 모임(Forum)을 합쳐서 만든 말이에요. 경제에 관심이 있고 글로벌 경제 리더가 되고 싶어 하는 친구들과 후배들이 함께 경제 공부를 하기 위해 만든 동아리예요. 그래서 저희들끼리 관심 있는 경제 주제에 대해서 토론도 하고, 각자 논문도 쓰고, 외부인사도 초청해서 강연도 들었어요. 한편 동아리원들은 여러 경제단체에서 하는 청소년경제캠프에도 많이 참여했어요.

　그런데 고등학생으로서 청소년경제캠프에서 경제교육을 받은 후에 중요하게 느낀 점 중의 하나가 어릴 적부터 경제나 금융교육이 이루어져야 한다는 것이었어요. 그래서 초등학교 4～6학년 생들과 중학교 1～2학년생들을 위해 도움이 될 만한 경제와 금융에 대한 좋은 책을 번역해 보기로 했어요. 작년 여름부터 인터넷 사이트를 뒤져서 아델리아 리넥커(Adelia Linecker)가 2004년에 지은 책인 What Color is Your Piggy Bank?를 골랐어요. 번역은 지난 겨울방학을 이용해서 이루어졌어요.

이 책은 어린이와 청소년들이 어떻게 돈을 모으고 관리해야 하는지를 여러 가지 예를 들어 흥미롭게 설명한 책이에요. 미국의 사례이지만 조금만 응용하면 우리의 현실에 적용할 수 있고, 청소년들에게 경제마인드를 갖게 만들어 주는 좋은 경제교육 책이에요.

사실 우리나라의 어린이와 청소년들은, 극히 일부를 제외하고는, 돈을 비롯한 경제에 대한 생각이 너무 없다는 생각이 들어요. 용돈을 포함하여 그들이 필요로 하는 모든 돈은 당연히 부모님들이 주셔야 된다고 생각하고, 이러한 사고방식이 굳어져 나이가 들어도 독립적이지 못하여 결국 부모님에게 의지할 수밖에 없는 상황에 처하곤 하지요.

어릴 적부터 스스로 돈을 버는 방법을 익히고 그 돈을 적절하게 쓰는 방법을 배우는 과정 중에서 돈이 귀중하다는 것과 돈을 벌기가 얼마나 힘이 드는지를 느낄 수 있고, 따라서 돈을 어떻게 유용하게 써야 하는지를 배울 수 있답니다.

더욱 중요한 것은 이와 같은 것을 느끼고 배우면서 경제학적인 '합리성'을 취득하게 된다는 것입니다. 합리적이라는 것은 비단 경제에만 국한된 것이 아니라 사회질서와 사람과 사람간의 관계, 심지어는 정치에까지 좋은 영향을 끼치는 것이라고 생각해요. 그렇다면 어릴 적부터 돈도 벌고 경제마인드도 갖고 결과적으로 합리성도 갖추게 된다면 얼마나 좋은 일일까요?

저희들은 이 책을 읽는 여러분들이 어릴 때부터 돈을 버는 방법을 배워서 부자가 되고, 또 부자가 되면 다른 사람을 위해 많이 기부하고 열심히 봉사할 줄 아는 사람이 되었으면 해요. 저희들도 그렇게 되기 위해 열심히 노력하겠습니다.

공부와 활동에 바쁜 데도 일정에 맞추어 열심히 번역에 참여한 후배들이 참 고마웠어요. 한편 경제, 금융교육에 눈을 뜨게 해 주신 한국은행청소년경제캠프와 홍정립 과장님께도 고마움을 표하고 싶어요. 또한 어린 제자들이 번역한 것을 세밀하게 읽어 주시고 내용을 감수해 주신 저희 학교 나병률 부교장 선생님에게도 감사드려요. 마지막으로 고등학생들이 책을 펴낸다고 하는 데도 불구하고, 선뜻 출판을 맡아 주시고 예쁜 책을 만들어 주신 도서출판 지샘의 김종호 사장님과 편집진께도 깊은 감사를 드립니다.

2007년 4월 강원도 소사리에서

옮긴 사람들을 대표하여 유정이(Jung Yi Yoo)가 씀

수업을 시작하면서 :
돈이 악의 근원이라고?

음, 돈에 대해 제대로 이해하지 못하고 있다면 그렇게 말할 수도 있겠지. 하지만 사실은 그게 아니란다. 이제부터 몇 가지 수업을 통해 어떻게 돈을 벌고 모으는지, 그리고 어떻게 그 돈을 너와 다른 사람들을 위해서 좋은 방향으로 쓸 수 있는지에 대해서 알려 줄게.

"땅을 파봐라. 돈이 나오는가." 이런 말 들어 봤지? 그렇다면 돈은 도대체 어디에서 오는 걸까? 대개 네 또래들은, 가족들을 위해서 열심히 일하시고 저축하시고 돈을 관리하시는 부모님으로부터 오겠지. 아니면, 설거지나 구두를 닦아드리는 것처럼 집안일들을 도와드리고 용돈을 받을 수도 있고....

하지만 네가 받는 용돈이 부족하거나 아예 용돈을 받지 않는다면 어떨까? 네가 좋아하는 음악 CD, DVD, 컴퓨터 게임이나 핸드폰, 아니면 mp3 플레이어를 사려면 어떻게 해야 할까?

그럼 이제 용돈이라는 틀에서 벗어나 창의적으로 생각해 보자! 그러니까, 네가 어떻게 하면 돈을 벌 수 있을지 생각해 보자는 거야. 어린이 사업가가 되어 보는 거지!

사업가는 사업을 구상하고 만들고 운영하는 사람이야. 물론 사업은 잘 될 때도 있고, 잘 안 될 때도 있는 위험한 일이지만, 성공한 사업가들을 보면 이 모든 고생이 그만큼 가치 있다는 것을 알 수 있지. 돈을 스스로 벌다니... 정말 재미있고 멋지지 않니! 도전해 볼 만하지! 게다가 단순히 돈을 버는 것뿐만이 아니라, 네가 진짜로 원하는 것과 너의 능력에 대해서도 배우게 될 거야.

이 책은 너에게 성공적인 사업가가 되기 위한 길을 알려 줄 거야. 간단한 힌트에서부터 실제로 있었던 이야기들, 퀴즈, 인터넷 사이트, 사업에 대한 틀을 포함하여 돈을 어떻게 벌고 써야 하는지에 대한 모든 것을 말이지!

첫째 날

처음으로 할 일은, 영감을 찾는 거야. '영감'은 도대체 뭘까? 그것은 네가 진심으로 좋아하고, 재미있어 하고, 열정을 가지고, 더 많이 배우고 싶어하는 것을 의미해. 네가 너의 일에 대해 열정을 가지고 있다면, 너는 돈을 벌면서 일하는 것을 즐길 수도 있겠지. 창의적으로 생각해 봐. 상상의 나래를 펴 봐! 첫째 날에는 어떻게 해야 온 힘을 다해 이 '성공을 향한 상상'을 할 수 있는지 배울 거야.

둘째 날

한 조직을 만들고 유지하는 법을 아는 것은, 사업을 순조롭게 운영하는 데 도움을 줄 거야! 둘째 날에는 어떻게 가게를 세우는지 배울 거야. 어떻게 하면 산더미 같은 일에만 파묻히지 않고, 알맞은 계획을 세우고, 그 사업을 발전시킬 수 있는지, 파트너와 잘 협동할 수 있는지, 너만의 특별한 방법을 찾아낼 수 있는지, 사업운영에 필요한 자금을 계산할 수 있는지를 알아 보자.

셋째 날

열심히 생각해 보고 일하면(물론 약간의 행운도 있어야지!), 너는 어떻게 쓸지 고민해야 할 정도로 충분한 돈을 가질 수 있을 거야. 셋째 날에는 어떻게 하면 이 돈을 잘 관리할지에 대해 알아볼 거야. 열심히 번 돈을 저축하고, 소비하고, 관리하는 방법이 궁금하지? 돼지저금통에서 은행계좌로, 그리고 주식시장의 기본까지, 어떻게 하면 너를 위해 돈을 올바르게 쓸 수 있는지 알아 볼 거야! 또, 네 돈을 자선사업에 기부하는 것이 다른 사람의 삶을 어떻게 변화시키는지도 가르쳐 줄게.

사실 사업이라는 것은 매우 힘들어. 사업을 구상하고 행동에 옮기는 데에는 단순히 많은 시간과 에너지뿐만 아니라 그 사업을 계속 유지시키기 위한 인내와 끈기도 필요해. 그렇다면 왜 사업가가 되려 할까? 오늘 뜨고 있는 직업도 내일이면 그냥 평범한 직업으로 변해버릴지도 몰라. 은행 창구직원, 비행기 조종사, 그리고 전화 교환원을 생각해 보자. 요즘은 기술이 발달되어서 이 직업들이 할 일의 많은 부분을 기계가 대체했어. 인쇄쪽은 더해. 컴퓨터가 발명되기 한참 전에는 안내장, 신문에서부터 책까지 인쇄공들이 하나하나 직접 손으로 제작해 냈지. 하지만 요즘은 모두 다 컴퓨터로 만들고 찍어내잖아.

현명한 인쇄공들은 미리 새로운 아이디어를 찾고, 컴퓨터를 인쇄에 활용할 방법을 알아냈지. 그렇지 못하고 새로운 기술에 적응하지 못한 인쇄공들은 아마 일자리를 잃었을 테고.

네 자신의 사업을 어떻게 운영해 나갈지 배우는 것은 네가 남은 삶 동안 성공적으로 살아가는 방법을 배우는 거와 마찬가지야. 자, 이제 사업이 쉽지 않다는 것 알겠지? 그러니까 게임처럼 재미있을 거라는 기대는 하지마! 하지만 성공은 언제나 축하받을 일이라는 것을 잊지 마. 그것이 크든 작든 간에 말야!

자! 이제 너를 기다리는 무한한 직업의 세계를 향해 첫 발을 내딛자.

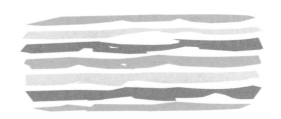

첫째 날 ★ 직업의 세계

첫 번째 ★ 수업

너의 재능과 흥미 찾기

세상에는

직업이 너무나 많고 다양하기 때문에 네가 진짜 하고 싶은 일이
무엇인지 찾기란 쉽지 않을 거야. 물론 정말 멋지게도 평생의
계획을 다 그려 놓은
친구들도 있겠지.
언제나 예외는
있으니까. 하지만
대부분의 친구들은
자기가 하고 싶은 일이
무엇인지 모를 거야.
기억해 두렴. 너에 대해

무엇인가를 선택하고
결정하는 것은 절대 쉬운
일이 아니란 걸. 간단한
빼기게임을 생각해 보자.
네가 할 수 있는 일은 아주
많은데, 그 중에서 별로
재미있어 보이지 않는
것들을 지워 봐. 이렇게

너희들이
할 일은 각자 너희들이
할 일을 스스로 찾아 내어,
그리고
전심전력으로
그 일에 몰두해야 한다
-부처-

하면 너의 선택의 폭을 줄이고 네가 진짜 원하는 것이 무엇인지
좀더 쉽게 찾을 수 있어.

 떠오르는 생각을 잊지 않으려면 항상 연필과 공책을 가지고
다녀. 네가 하루 동안 하는 모든 일에서 힌트를 찾아 봐. 쉬는
시간에 무엇을 할 때 가장 재미있는지 너 자신에게 물어봐. 너의
취미는 네가 뭘 좋아하는지 알려주기 때문에 직업을 선택하는 데
도움이 되지. 어머니가 집안일을 하실 때 너는 무엇을 돕니? 분
명 다른 사람들도 집에서 그와 비슷한 일을 할 테니까, 네가 그
들을 도와줄 수 있지 않을까? 다음으로 네가 학교에서 뭘 잘하는
지 생각해 보는 거야. 혹시 반대표 축구선수니(아니면 체육시간
을 엄청나게 좋아한다거나!)? 그렇다면 너는 너보다 어린 친구들
을 모아서 방과 후에 축구 코치를 해 줄 수 있겠지. 미술 시간이

재미있어? 그렇다면 좋은 작품을 그려서 팔아 보는 것도 생각해볼 수 있겠네.

취미에서 찾는 방법

종이에 아이디어를 쓴 후에는 네가 이 활동들을 할 때 활용하는 능력을 알아 봐. 예를 들어, 네 취미와 좋아하는 활동이 미술과 공예, 친구들과 놀기, 그리고 요리라고 해 보자. 여기에 필요한 능력에는 그림 그리기, 농담하기, 과자 만들기가 들어갈 수 있겠지.

이 모든 재능들을 합쳐 생각해 보면, 너는 파티플래너나 도우미가 될 수 있겠구나! 자녀의 생일 파티 때 네 도움이 필요한 어머니들이 주변에 계실 거야. 너는 배너(플랜카드)를 만들거나, 파티 장식을 꾸미거나, 초대장을 만들거나, 과자를 굽고 사탕봉지들을 정리하거나, 아이들과 게임을 하며 놀아주는 일을 할 수 있겠지.

또 다른 취미들을 가졌을 수도 있

경력 계획을 시작하는 것은 언제라도 이르지 않아!

어. 그림 그리기, 바느질, 친구들 모으기 그리고 모임 조직하기같이 말이야. 그렇다면 선물 가게를 열어 보는 건 어떨까? 친구들과 모여 아이디어를 내보고 근처 양로원이나 병원에서 선물 가게를 여는 거야. 너의 상품에 신선한 꽃이나 구운 과자를 더할 수도 있어. 친구나 가족을 방문한 방문객들은 밖에 나가서 살 필요없이, 사랑하는 사람을 위한 선물을 편하게 사갈 수 있을 거야.

　때로는 너의 능력을 찾아서 그것을 직업선택과 연결시키는 것이 무척 어려울 수도 있어. 책 읽는 것을 좋아하지만 책 읽으면서 돈을 벌기는 힘들다고 생각할지도 몰라. 하지만 다시 한 번 생각해 보렴. 너는 일주일에 한 번씩 동네 아이들을 너희 집에(아니면 주변공원의 시원한 그늘에라도!) 모아서 함께 책 읽는 시간을 만들 수 있어. 네가 남을 즐겁게 해주는 데 뛰어나다면, 꼭두각시 인형을 이용하거나 연기를 해서 이야기를 재미있게 만들어 봐. 집안일을 하는 동안 아이를 돌봐 줄 사람이 있다면 이웃의 부모님들도 기꺼이 용돈을 주실 만큼 좋아하실 거야.

　책을 좋아하는 사람들은 책을 보면 좋은 이야기인지 아닌지

알 수 있지. 이것도
소중한 재능이야.
출판사에 네 또래
아이들을 겨냥한 책에
대한 평을 쓰는 것을
제안하는 것은 어때? 돈을
벌기 위해서 이야기에
대한 깊이 있는 분석을
하고 왜 이 이야기를
좋아하는지 또는
싫어하는지에 대해 꼼꼼한
독후감을 쓰겠다고
말씀드려 봐.

〉집안일에서 찾는 방법

어떤 일들 중에는
누군가는 해야 하지만
시간이 없거나 별로 하고
싶지 않은 일들이 있지.
하지만 너는 그 일을 해낼

깜짝 퀴즈

너에게는 어떤 직업이 잘
맞을까?

세상에는 수천, 수만 개의 직
업이 있고, 그 중에서 네가
좋아하고 네게 맞는 직업을
찾는 건 정말 어려운 일이야.
이 퀴즈로 네가 진짜 원하는
것이 무엇인지, 그리고 즐기
면서 돈을 벌 수 있는 방법
은 무엇인지 좀더 알아보렴.
정답이 정해져 있는 건 아니
야. 솔직하게 대답하는 것이
중요해.

다 풀면 이 수업의 마지막 부
분에서 결과를 확인해 봐.

1. 가끔은 과제를 끝마치기
   위해 양보하고 타협해야
   하지만, 그래도 친구들과
   단체로 과제를 해결한다
   는 것은 재미있어.
   (맞다/ 틀리다)

다음 페이지에 계속될 거야 →

방법을 알고 있어!
어떻게 아냐고? 그
일들을 하는 데
필요한 능력을 이미
집안일을 하면서
터득했잖니. 너는
쓰레기 버리는 일을
경험해 봤을 거야.
어쩌면 청소왕이라고
불릴 정도일지도
모르겠구나.
이웃들의 쓰레기를
말끔하게 비우고
분리수거까지 한
다음에 갖다 주는
걸로 돈을 벌 수
있어. 돈을 조금 더
받으면서 물놀이까지
하고 싶다면,
쓰레기통을 물로

2. 나는 매일 사람들을 만나는 것이 좋아. 가끔씩 사람들은 내가 어디서 항상 새로운 친구를 만들어 오는지 놀라곤 하지. (맞다/틀리다)

3. 나는 언제나 자유 시간을 밖에서 보내. 운동이 정말 좋거든! (맞다/틀리다)

4. 강아지나 고양이, 아니 족제비라도 있었으면 좋겠어. 애완동물은 최고야! (맞다/틀리다)

5. 꼬마들은 진짜 귀찮아. 언제나 내 장난감만 가지고 놀려고 하거든. (맞다/틀리다)

6. 새로운 컴퓨터 게임을 배우는 것은 힘들지만 할만한 가치가 있어! (맞다/틀리다)

7. 나는 우리 집의 요리사! 나는 세상에서 제일 맛있는 쿠키를 만들 수 있어. (맞다/틀리다)

8. 나는 물건을 고치거나 만드는 것을 잘 해. (맞다/틀리다)

씻어 드리는 건 어떨까?

친구들 몇 명과 함께 청소팀을
만들어봐. 정리가 필요한
쓰레기통과 공구상자는 무척
많아. 이웃들에게 공구들을
말끔하게 씻고 상자 안에 크기와 용도별로 깔끔하게 정리해
드리겠다고 말씀드려 보렴. 벼룩시장에 내다놓을 물건들도 따로
분류하고, 창고문도 깨끗하게 페인트칠하거나 청소해 놓겠다고
말야.

또다른 아이디어도 있어. 집 안을 정리하는 데도 많은 도움이
필요하지. 누구라도 집에 잡동사니로 가득 찬 서랍이나
지저분하게 어질러진 창고, 바닥에 굴러다니는 동전은 있어.
이렇게 정리해서 돈이 생긴다면 이 동전들을 은행으로
가져가야지. 이런 집안일들은 너의 살림살이 능력을 시험해 볼
좋은 기회라는 것을 기억해. 돈을 벌면서 남의 집안일을 해주는
데 울상지을 필요는 없잖아!

> 학교에서 찾는 방법

네가 학교에서 배우는 것들도 직업에 대한 아이디어를 제공할
수 있어. 너의 성적표를 보고 아이디어를 얻어보자. 예를 들어,

네가 가장 좋아하는 과목에서 다른 친구들이 어려움을 겪고 있다면, 그들에게 많은 도움을 줄 수 있을 거야. 그 방법이 뭐냐고? 만일 네가 수학에 일가견이 있다면 과외를 생각해 볼 수 있지. 전에 남을 가르쳐 본 적이 없다고 걱정하지 마. 한 번도 해보지 않았으면 네가 얼마나 잘하는지도 모르는 거잖아?

먼저 한 학생에게 30분씩 2번 과외를 시작해 보자. 신중하게 네가 할 일을 잘 생각하고 계획해 봐. 과외선생님이 된다는 것은 미리 계획해야 하고, 학생이 얼마나 배웠는지를 계속 체크해야 하는 아주 큰 일거리야. 우선 그 학생이나 학생의 부모님을 만나서 학생이 무슨 과목에서 얼마나 도움이 필요한지, 그리고 얼마나 오래 해야 목표를 완수할 수 있는지를 의논해야 해. 함께 시간표를 짜는 것이 좋을 거야. 모든 수업을 하기 전에는 미리 준비를 하도록 해. 그리고 부모님께서 과외수업이 어떻게 진행되고 있는지 아실 수 있도록 정기적으로 결과보고도 하고. 네가 한 명에게 과외를 해 주면서 한 명 정도 더 봐줄 수

있겠다고 생각되면,
부끄러워하지 말고 네
학생에게 다른
친구에게도 도움을 줄
수 있으니 데리고
오라고 말해 봐.
　미술수업을
좋아한다면 공예작품을
만들어서 파는 건
어때? 잘 만든 자석
스티커는 언제나 잘
팔려. 공짜로 얻을 수
있거나 쉽게 구할 수
있는 재료를 사용해서
창의적인 작품을
만들어 봐. 예를 들어
색깔 있는 구슬이나
조개껍데기, 단추 같은
것들 말이야. 주위
이웃들로부터 병이나

이건 실화야!
교환의 속임수

**앰버 맥그로(Amber Mcgraw),
13살, 캘리포니아 몬타라 거주**

　앰버는 목표를 대충 낮게
잡는 아이가 아니야. 하와이로
여행갈 계획을 가지고 있지.
멋진 호텔에서 자면서 홀라춤
을 배우고 돌고래와 수영을 하
려고 해. 앰버는 이 꿈을 이루
는 것이 상당히 돈이 많이 든
다는 것을 알기 때문에 열심히
노력하고 있어. 아이들을 세
명이나 돌봐 주고 있고, 휴가
를 떠난 이웃들을 위해 애완동
물을 돌보아 주기도 하며, 친
한 친구들과 함께 팀을 만들어
서 청소하는 일도 하지. 벌써
약 50만원($500)이나 벌었
어! 앰버는 자기가 일을 잘하
면 더 많은 일자리가 들어온다
는 것을 알고 있지.

다음 페이지에 계속될 거야 →

깡통을 모아 너의 상상력을 이용하면서 지구환경에도 도움을 줄 수 있어! 그것들을 예쁘게 꾸며서 동전, 쿠키, 펜, 연필이나 주방용구들을 담을 수납상자를 만들어 보는 것도 좋고.

다른 방법도 있어. 이웃 부모님들께 네가 방과 후에 아이들을 모아서 미술과 공예를 가르치고 싶다고 말씀드려 봐. 돈을 받고 기본적인 재료들로 학교에서 배운 간단한 미술과제들을 가르치는 거야. 프로젝트가

앰버는 지역 문화회관에서 열리는 여러 수업에서 베이비시터(아이들을 돌보는 일)를 하고 있어. 그녀는 자기의 장난감과 게임들을 가지고 오지. "부모님들은 아이들이 텔레비전을 많이 보는 것을 싫어하시죠." 그녀는 이렇게 말했어. "그리고 아이들은 장난감이 있으면 더 좋아해요." 또 부모님들이 아이들의 여름캠프를 대신할 만한 것을 찾을 때에도 앰버에게는 정기적으로 일이 생기지.

여름에는 애완동물을 돌보아주는 일로 앰버는 더 바빠져. 앰버는 이웃들이 휴가를 떠나면 그들의 고양이를 돌봐 준단다. "나는 고양이들의 털을 빗어 주고, 먹이를 먹여 주고, 집도 청소해 줘요. 가끔 새로운 재주를 가르쳐서 내가 그들을 잘 돌보고 있다는 것을 주인에게 보여 주기도 하고요."

다음 페이지에 계속될 거야 →

앰버는 최근에 친구들과 청소하는 일을 시작했어. 그녀가 많은 돈과 좋은 평판을 얻는 비법 중 하나는 해낸 일을 다 적어 놓는 거야. 예를 들면, 앰버와 친구들이 부엌의 싱크대를 쓸고 닦고 씻었다고 하자. 와인 캐비닛의 먼지를 터는 일도 덤으로 했지. 그리고 이것을 종이에 적어 놓는 거야. "우리가 한 일의 목록을 쭉 적어 두면 아주머니는 한 시간에 6,000원 주실 것을 7,000원 주신답니다!"

끝나면 뒷뜰이나 도로에 작은 미술관을 열어서 아이들의 작품을 전시할 수도 있어. 그러면 넌 입장료를 받아서 얼마 정도 돈을 더 받을 수도 있고, 네 학생들은 자기들의 명작들을 보여주고 팔 수도 있는 거지!

비슷하게, 네가 운동을 잘 한다면 동네의 스포츠 모임에서 활동하는 아이들을 위한 특별 연습시간을 만들어 볼 수 있어. 경기감각을 유지시키기 위해 리그전도 계획해 보고, 일상생활을 파고들 새로운 연습 방법들도 한번 생각해 봐. 이런 활동들의 좋은 점은, 아이들의 부모님이 일을 하고 돌아오셔서 저녁을 준비하고, 돈 계산을 하고, 깨끗하게 청소까지 할 수 있는 시간을 드릴 수 있다는 거야. 또한 아이들은 너를 통해 많은 것을 배우고, 너는 그들을

오프라 윈프리는 12살 때 언론계 직업을 갖기로 결심했대.

돌보아 주는 대가로 돈을 벌 수 있어. 모두에게 도움이 되는 거지!

혹시 연기하는 것을 좋아하니? 학교에서 연극 동아리 활동을 하고 있어? 만약 네가 운 좋게도 영화를 찍고 있는 지역에서 살고 있다면 영화 엑스트라가 될 수도 있겠지. 연기경력은 꼭 필요한 것이 아니지만, 몇 가지 자질은 꼭 필요해. 시간을 정확히 엄수하고 그 일을 진지하게 받아들이도록 하렴. 아무도 영화제작에 방해가 되는 배우를 좋아하지는 않아. 하루 종일 심지어 사흘까지도 너의 일에 바칠 각오를 해야 해. 엑스트라가 된다는 것은 느릿느릿 진행되는 일일 수도 있어. 오랜 시간 기다려야 하고, 그 후에도 촬영하는 시간은 '씬(scene)'이라고 부를 수도 없을 만큼 짧을 때도 많지. 게다가 겨우 다 촬영한다고 해도 중간에 편집될지 무사히 상영이 될지는 아무도 모르는 일이지.

하지만 그 대가는 엄청날 거야. 며칠 만에 십만원도 넘게 벌 수 있을 뿐 아니라 유명한 스타를 만날 수도 있어! 주위의 연예기획사들과 연락해서 엑스트라 일을 하게 될 수도 있겠지.

하고 싶긴 하지만 그 일을
하기에는 네 나이가 너무 어린
직업도 있을 거야. 작가가
되고 싶은 열정과 기자가 되고
싶은 꿈을 가졌을 수도
있겠지. 하지만 신문사에
취직하고 싶다면 대학교까지

데비 필즈는
13살 때 처음으로
자기만의 쿠키를
만들어 팔았대!

다니면서 오랫동안 많은 것들을 배워야 해. 또한 일할 수 있는
허가도 받아야 하는데, 최소한 16세는 넘어야 가능하고.
그렇다면 지금 당장 작가가 되기를 포기해야 하는 걸까? 절대
그래서는 안 돼. 너의 능력을 버리지 말고, 그 능력들을 어떻게
하면 잘 활용할 수 있을지 창의적으로 생각해 보렴. 우선
축하카드를 생각해 볼 수 있겠지. 네가 시를 잘 쓴다면
축하카드에 너의 시를 넣어봐. 대부분의 축하카드들은 마이크로
퍼블리셔(micro publisher) 같은 소프트웨어로 작업을 할 수
있어. 이 소프트웨어는 네가 축하카드의 표지부터 글씨체까지
다 디자인할 수 있도록 도와줄 거야. 카드를 인쇄할 종이와
예쁘게 꾸밀 장식들은 문방구나 화방에 가면 구할 수 있어.
  축하카드에서 그치지 말아야 해! 네 주위에 널려있는 글들을
보렴. 누군가가 이 표어나 광고의 글귀, 농담, 수수께끼를

빌 게이츠는
15살 때 처음으로
소프트웨어 사업을
시작했어.

만들어 냈을 거야. 너도 이런 아이디어를 만들 수 있어. 광고, 전단지, 포스터, 책갈피까지, 너의 고객이 원하는 것이라면 뭐든지 만들어 보는 거지. 중요한 것은, 어떤 기술을 가지고 있든지 그것이 너의 소중한 사업 아이디어가 될 거라는 사실이야. 여러 방향에서 바라보면 어떻게 그 일에 맞추어서 네 아이디어를 다듬어 나갈지 알 수 있을 거야.

또한 어떤 아이디어가 떠올랐다면, 그것은 네가 해내고 또 해내야 하는 일이라는 것을 기억하렴. 예를 들어, 사탕을 만들어 팔기로 계획했다면 너는 사탕공장으로 변신한 부엌에서 몇 시간이고 시간을 보내야 한단다. 여름 방학이 끝날 때쯤이면 초콜릿 냄새에 완전히 질려 있을지도 몰라! 네가 이 세상에서 가장 하기 싫은 일은, 네가 좋아하는 취미를 네가 너무 싫어할지도 모르는 '일'로 바꾸는 것일 거야.

일이 너무 싫고 재미없어서 포기하고 싶을 때도 있을 거야. 예를

들면, 아이들에게 외국어를 가르치는 일은 좋지만 많은 과제와
수업준비에 눌려 일이 너무 싫어질지도 모르지. 일을 그만 두는
것은 네가 가르치는 아이들에게 실망을 안겨 줄 뿐만 아니라,
너의 사업 면에서도 엄청난 실패를 의미해. 스스로 사업을
한다는 것은, 그것이 지루하든지 싫든지 상관없이 일을
마무리하기 위한 모든 책임을 지는 거란다. 기억해야 할 건
무엇을 하기로 선택했든 네 모든 열정을 담아서 해내야 한다는
거야.

🔔 깜짝퀴즈 결과

너에게는 어떤 직업이 잘 맞을까?

1. 맞다 = 한두 명의 친구들과 함께 일하렴. 하지만 모든 것이 그렇 듯 함께 일하는 것도 좋은 점과 나쁜 점이 있음을 알아 둬. 이게 무슨 말이냐고? 매주 토요일, 너와 네 친구가 동네 아주머니들 의 심부름을 하는 사업을 시작했다고 해 보자. 좋은 점은 네가 친구들과 재미있게 이야기하면서 일할 수 있다는 거야. 하지만 만약 학교에서 그 친구와 싸웠다면? 친구와 일하기 불편하겠지 만 고객과의 약속을 깰 수는 없는 거야.

아니다 = 너는 혼자 시간표를 짜서 일하는 것을 좋아하는구나. 낮에는 운동장에서 축구를 하고 밤에 일을 하고 싶다고 해도, 누 구와도 약속을 하지 않았기 때문에 낮에 일하든 밤에 일하든 상 관없지. 물론 누구든지 도움이 필요할 때가 있으니까 도움이 필 요하다면 부끄러워하지 말고 친구에게 부탁해. 예를 들면 집에 서 과자나 빵을 파는 것 같은 때에 말야.

2. 맞다 = 너는 많은 사람을 만나는 직업을 가지는 게 좋을 거야. 파티플래너는 어때? 어린아이들과 놀면서 새로운 게임을 가르치 는 것을 좋아한다면 아이를 돌보는 것도 좋겠고. 네 나이 또래의 친구들을 만나고 싶다면 길거리에서 야채를 팔거나 집 앞에서 세 차사업을 할 수도 있어. 무엇을 하든 너는 새로운 사람들을 만나 면서 돈도 벌 수 있겠지!

아니다 = 모든 일은 새로운 사람을 만나는 것을 포함해. 하지만 잘 모르는 사람들과 오랫동안 만나는 것이 싫다면 집 안에서 할 수 있는 일을 찾아 보렴. 혹시 글을 잘 쓰니? 네가 글을 잘 쓴다는 것을 사람들이 알 수 있게 노력해 보고, 그 다음부턴 집에서 축하카드를 만들거나 여러 가지 글을 써 주는 사업을 해봐!

3. 맞다 = 뭐, 이거야 아주 간단하지! 나가서 노는 것이 좋다면 지금 당장 나가 봐! 동네 사람들에게 가서 정원일을 도와 주겠다고 이야기해 봐. 다른 일도 생각해 볼 수 있어. 너 혹시 테니스 잘 치니? 이웃 부모님들께 자녀들에게 테니스를 가르쳐 주겠다고 말씀드려 보는 건 어떨까? 테니스뿐 아니라 다른 스포츠라도 상관없어.

아니다 = 나가서 시간을 보내는 것도 좋지만, 너는 안에서 일하는 것을 더 좋아하는구나! 너희 집이나 다른 사람 집에서 할 수 있는 일을 생각해 보자. 너 주위를 깨끗하게 정리하는 것을 좋아하니? 최근에 결혼하신 동네 아주머니는 청소하는 데 도움이 필요하실 수도 있어. 나이 드신 분들은 쓰레기를 분리수거해서 매주 쓰레기차에 옮겨 줄 사람이 필요하실지도 몰라.

4. 맞다 = 강아지를 산책시키는 것에서부터 집 앞에 강아지 전용 목욕탕을 만들거나 고양이를 목욕시켜 주는 것까지, 애완동물을 사랑하는 사람이 할 수 있는 일은 무수히 많아. 흔한 강아지나 고양이 외에, 이웃 중 열대어나 햄스터, 뱀처럼 흔치 않은 애완동물을 키우는 사람들도 찾아 보렴. 모든 동물들은 주인이 없을 때 돌보아 줄 사람이 필요하지. 그럴 때 그 분들에게 도움을 드리겠다고 말씀드리는 거야.

아니다 = 그래, 주변에 애완동물을 가진 이웃은 많아도 고작 몇 천원을 위해 개똥을 치우는 것은 싫다고? 혹시 너 만들고 꾸미는 것 좋아하니? 그렇다면 애완동물용 밥그릇, 가죽 끈 또는 스웨터를 만들어 보는 것은 어때? 네 주변에는 다양한 직업이 널려 있어. 중요한 것은 지금 너의 상황을 다른 시각에서 찬찬히 들여다보는 거지. 생각을 바꾸면 네가 좋아하면서 동시에 사람들이 필요로 하는 일거리를 찾을 수 있을 거야.

5. 맞다 = 너는 어른을 상대하는 일이 더 잘 맞구나. 네가 할 수 있는 유용한 일들을 찾아 보렴. 차고를 청소하거나 선반을 정리해 주는 일을 맡아 볼 수 있겠지. 만약 지금 네가 살고 있는 곳이 눈이 많이 오는 지역이라면, 도로나 길거리의 눈을 청소하는 일도 해볼 수 있겠네.

아니다 = 아이를 좋아하는 사람이 할 수 있는 일은 단순히 아이들을 돌보는 것 말고도 너무나 많아. 부모님이 아이들의 생일파티를 계획하는 것을 돕거나, 책 읽는 것을 가르쳐 줄 수 있고, 어린아이들의 통학을 도와 줄 수도 있지. 다른 것도 생각해 봐. 너희 집에 독서 공간을 만들거나 부모님들께서 아이들을 걱정하지 않고 쉴 수 있도록 아이들을 돌봐 주는 보육 공간을 만들어 보는 건 어때?

6. 맞다 = 너는 컴퓨터 관련 능력이 타고났구나. 그 능력을 이용해서 아이들이나 어른들에게 컴퓨터 사용법을 가르쳐 봐. 조그만 신문이나 파티 초대장을 만들어 파는 것도 컴퓨터를 유용하게 사용하여 돈을 버는 방법이 될 수 있겠지.

아니다 = 너는 컴퓨터에 대해 잘 알지 못하는구나. 하지만 절대 늦지 않았어! 컴퓨터에 대해 잘 아는 친구가 있니? 그 친구와 팀을 짜서 너는 그 친구에게 컴퓨터를 배우고, 너는 네가 잘 하는 과목을 그 친구에게 가르쳐 주면 좋겠네!

7. 맞다 = 길거리 빵가게, 야채가게…… . 네 음식의 맛이 좋다면 어떤 것이든지 팔아 보자. 너의 집 앞에서만 팔기보다는 길거리나 동네 공터에서 조그만 가게를 열수도 있겠지. 이왕이면 생일 파티나 학부모회에 배달까지 하는 것은 어떨까?

아니다 = 요리는 별로 좋아하지 않을 수도 있겠지만, 파티에 꼭 요리만 필요한 것은 아니야. 예를 들어 볼까? 음식과 음료수를 세팅하는 것, 뷔페 식탁을 세워놓는 것, 얼음 통에 언제나 얼음을 가득 채워 놓는 것, 쓰레기를 비우는 것 등. 무척 많지? 네가 정리를 잘 하고 돈 계산에 밝다면 요리 잘하는 친구를 도와서 주문을 받고 돈을 걷어 줄 수도 있어.

8. 맞다 = 어느 동네에나 너를 위한 일은 있겠구나. 네가 자전거 고치는 데 선수라면, 아이들에게 아주 적은 돈으로 찌그러진 바퀴나 떨어진 체인을 고쳐 줘. 혹시 손재주가 뛰어나니? 그렇다면 구슬을 이용해 팔찌나 목걸이를 만들어서 팔 수도 있어.

아니다 = 너는 창의력은 뛰어나지만 손재주가 별로 뛰어나지 못한가 보네. 그래도 손을 쓰는 일은 할 만한 게 많아. 정원일을 돕는 것은 어떨까? 누군가가 너에게서 튤립 종자를 사서 심고 싶어할지도 몰라. 누가 알아? 어떤 사람은 너한테 대신 심어 달라고 부탁할 수도 있잖아!

두 번째 ★ 수업

필요한 것을 가지고 있니?

네게

어울리는 직업에 대하여 고민하고 아이디어를 찾는 것은 네가
필요한 것을 살 수 있을 만큼 돈을 벌려는 네 꿈에 한층 더
다가서는 일이기는 하지만, 사실 사업가가 되는 것은 단순히
꿈꾸는 것보다 훨씬 어려운 일이야. 이제 너의 아이디어를
계획하고 실천할 시간이 왔어.

사람들이 너를 고용하거나 너의
상품을 원할지 어떻게 확신할 수
있겠어? 성공적인 사업가가 되는 데
꼭 필요한 자질은 네 가지야. 바로

호기심, 창의성, 유연성, 그리고 책임감이지. 이 네 가지만 기억하면 멋진 계획을 짜서 많은 고객을 불러 모으는 성공적인 사업가가 될 수 있어. 다음의 비법들을 통해 이 네 가지 자질을 너 자신과 사업에 잘 새겨서 성공적인 사업가가 되도록 하자!

호기심

호기심이란 네 주위의 세상을 보고 무엇이 완성되었는지, 무엇이 아직 그렇지 못한지, 더 좋게 만들기 위해서는 어떤 일을 해야 하는지 생각하는 거야. 성공적인 사업가란 사람들이 뭘 원하는지 알고 재빨리 그것을 실행할 수 있어야 해. 그렇다면 다른 사람들이 원하는 것을 어떻게 알 수 있을까? 회사에서는 사람들이 무엇을 원하는지 알고 싶을 때, 시장조사라는 것을 한단다. 사업에 필요한 특정 소비자 그룹에게 전화를 해서 그들이 무엇을 좋아하고 싫어하는지, 무엇을 원하는지, 그 회사의 상품에 대해 어떻게 생각하는지 알아 보는 것도 시장조사의 하나야.

> 오른쪽으로, 왼쪽으로,
> 위로, 아래로 생각해 보자.
> 오, 노력만 하면
> 다 생각해 낼 수 있는데!
>
> - 수쓰 박사(Dr. Seuss)

시장조사는 설문조사나 시판 등을 통해서도 할 수 있어.

하지만 이걸 꼭 다 할 필요는 없어. 너 혼자서 모두 조사하고 분석하려면 몇 년이 걸릴 테니까! 더 작은 규모로 너만의 시장조사를 해 보렴. 너의 호기심으로 사람들이 무엇을 원하는지, 무엇이 필요한지 알아 보는 거야. 어떤 사람들은 이것을 네 자신의 '맥을 재 보는 것'이라고 말해. 물론 네가 유행을 따르는 사람이라는 것을 멋지게 말하는 것에 불과하지만. 그럼 유행은 어떻게 따라갈 수 있지?

인터넷 속으로

www.kidsway.com

너의 사업을 시작하기 위한 모든 것이 담겨 있는 멋진 사이트! 여기서 나오는 잡지 "어린 사업가"도 보는 것은 어떨까?

사람들과 이야기하고, 그들이 무엇을 하는지 관찰하고, 라디오를 듣거나 텔레비전을 보렴. 또, 사람들에게 많은 것을 물어보는 것도 중요하지만, 그보다 더 중요한 것은 그 대답을 귀담아 듣는 거란다.

어떻게 시장조사를 할지 생각해 보자. 예를 들어, 네가 파티에 필요한 물건을 배달하는 사업을 한다고 해 보자. 모든

아이들이 좋아하는
달콤한 과자를 만들어서
팔고 싶다면,
어린아이들이 근처에 몇
명이나 있는지 알아 봐.
아이들이 너무 적다면
충분한 소비자를 찾기가
어렵겠지? 그 다음에는
네가 생각하는 배달
사업을 누가 벌써 하고
있는지 알아 보렴. 기껏
돈과 정성을 들여
가게를 세워 놓았는데
이미 많은 사람들이
하고 있는 일이라면 안
되잖아?

시장조사는 단순히
자기회사 상품에 대한
사람들의 반응뿐
아니라, 경쟁회사

깜짝 퀴즈

너는 누굴까?

여러 문항 중에서 너에게 가장
맞는 것을 동그라미 쳐 보렴. 둘
중에서 선택하기 힘들다면 둘
다 동그라미 쳐도 좋아. 틀린 답
은 없으니까 마음에 드는 답을
선택해 봐!

이 수업의 마지막 부분에서 결
과를 확인해 봐.

1. 내 자전거가 망가지면
   A. 그것을 고칠 방법을 찾아
      내야지.
   B. 더 좋은 자전거를 만들어
      낼 방법을 찾아 내야지.
   C. 택시를 타야지!
   D. 역시 이 자전거 너무 오래
      썼구나!

2. 내 스타일
   A. 사람들이 너도 나도 그 옷
      을 입기 전, 나는 유행을
      미리 알 수 있어.

다음 페이지에 계속될 거야 →

B. 다른 사람과 똑같이 입는
   건 싫어. 나만의 스타일
   을 만들어 내야지.
C. 나의 성격과 맞는 옷을
   입고 싶어.
D. 매일 매일 똑같은 옷을
   입어.

3. 가장 친한 친구가 이성친구
   와 헤어진다면, 이렇게 말
   해 줄 거야.
A. 왜 헤어졌어?
B. 괜찮아. 더 잘 지낼 수 있
   어.
C. 내 사촌을 소개시켜 줄게.
D. 너희가 서로 좋아하는 줄
   알았는데!

4. 앗! 내 컴퓨터가 망가졌네.
A. 뭐가 잘못되었는지 알아
   봐야지.
B. 어떻게 해야 컴퓨터가 잘
   되는지 알아 보기 위해 버
   튼을 몇 개 눌러 보고 그
   래도 작동하지 않으면, 컴
   퓨터를 껐다가 켜 봐야지.

다음 페이지에 계속될 거야 →

상품에 대한 평판을 알아 내는 것도 도움이 돼. 경쟁회사가 어떻게 해 나가고 있는지 알면, 네 회사의 상품과 서비스는 더 크게 발전시킬 수 있을 거야. 대상 소비자를 설정하는 것이 어렵다면 과거에 파티플래너를 고용한 경험이 있는 이웃들에게 물어 봐. 전문 서비스를 고용하는 데 어떤 점이 좋았고 어떤 점이 좋지 않았는지, 네가 예쁘게 포장한 맛있는 쿠키를 판다면 그것을 구입할 의향이 있는지, 어떻게 해야 너의 경쟁상대보다 너에게서 상품을 더

많이 구입할지 등을
말이야.

고객 한 명 한 명에게...

C. 노트북을 이용하는 수
밖에.
D. 수리를 위해 회사에 보
내야지.

5. 친구랑 무슨 영화를 볼지
결정할 수가 없다면.
A. 친구가 좋아하는 영화
를 보도록 노력해야지.
B. 영화는 잊어버려. 게임
하러 가자!
C. 이번에는 네가 좋아하는
걸 보고, 다음에는 내가
보고 싶은 걸 보자.
D. 각자 자기가 좋아하는
영화를 보고 싶으니,
표를 다 끊어서 이번
주말은 영화를 보면서
지내는 거야!

창의성

사업을 시작할 때가
되었다고 판단되면,
창의성을 이용해 남과
차별되는 '너만의'
사업을 생각해 내는
것이 중요해. 네가
판매하는 과자와
케이크는 일등급이어야
하겠지. 그리고 정성을
들인 너만의 서비스로
사람들이 뚜레쥬르나
파리바케트의 상품보다

너의 상품을 더 많이 찾도록 해 보렴.

고객 한 명 한 명에게 신경을 쓰면 너의 사업은 다른 사람보다
돋보일 수 있을 거야. 과자를 예쁘게 포장하는 너만의 방법을
찾거나, 서비스로 파티음식을 배달할 수도 있어. 더 나아가 파티

테이블을 장식하고 파티가 끝난 후 테이블을 치우는 것도 도울 수 있겠지. 부모님들이 배달과 엔터테인먼트까지 원한다는 것까지도 시장조사로 알게 될지도 몰라. 그러면 재미있는 친구랑 팀을 짜 봐! 또 베이비시팅(아이 돌보기)에 능숙한 친구와 함께 가서 추가적인 서비스를 제공해 보렴. 다른 파티플래너들은 파티장소를 꾸미는 것은 도와 주지 않을지도 모르잖아. 너는 아이가 좋아하는 것과 안 좋아하는 것에 따라 주제를 가진 장식을 만들어 낼 수도 있지!

너와 같은 사업을 하는 친구가 많다면, 너의 프로의식을 이용해 사업을 차별화하기 위한 특별한 서비스를 계획해 보렴. 컴퓨터를 사용해서 네 모든 연락처를 한 눈에 알아 볼 수 있게 사업카드도 만들어 보고, 너의 서비스에 만족했던 고객들의 사연을 담은 읽기 좋은 참고 광고지도 나눠 주고, 네가 제공할 수 있는 일이나 특별한 서비스 목록을 정리한 기억하기 쉬운 팜플렛도 인쇄해 보는 거야!(아홉 번째 수업에서 더 알아보자!) 꼭 컴퓨터를 이용해야 하는 것은 아니야. 언제나 깔끔하고 공손하게 손님들을 대하는 것도 큰 도움이 된단다. '감사합니다', '안녕하세요' 같은 간단한 인사로도 손님들에게 좋은 인상을 주어 친구에게 너를 추천하게 될 수도 있어.

⋟ 유연성

사업을 시작할 때 가장 중요한 것은 너의 아이디어를 네 주변 현실에 적용시키는 거야. 이것을 '유연성'이라고 해. 큰 회사들은 새로운 유행을 선도할 때 훨씬 느리게 적응하기 마련이야. 고객도 많고 조직도 복잡하기 때문이지. 큰 회사가 갑자기 시스템을 바꾸면 혼란을 느낀 고객들은 금방 경쟁사로 달려가 버릴 거야. 반면 작은 회사들은 어떨까? 그들은 고객이 적기 때문에 일대일로 그들의 요구를 만족시키기가 훨씬 쉬워서, 새로운 요구를 채우는 데에도 빠르게 반응하지. 작은 회사들이 유행과 고객의 필요에 맞추어 계속 서비스를 제공하는 한, 사람들은 계속 그들의 상품을 사들일 거야. 두 대의 트럭이 골목을 돌아간다고 해보자. 바퀴가 18개나 달린 커다란 트럭은 사고를 내지 않으려면 천천히, 그리고 조심스럽게 회전을 해야 하지. 자그마한 수송차량은 바로 회전할 수 있는데 말이야!

만일 '파워레인저'와 '피구왕 통키'를 주제로 파티를 계획하고 싶다면 너는 약간 구식이라고 할 수도 있어. 요즘 아이들은 다음 편 해리포터 영화를 손꼽아 기다리고 있는데 말이야. 언제나 너의 눈과 귀를 사람들이 찾아 내는 새로운 상황에 열어 두어야 해. 지난해보다 이번 여름에 더 인기 있는 스포츠나 놀이가 있나? 사업 아이디어로 응용할 수 있는 멋진 패션유행이 있는지? 새롭게 유행하고 있는 것들을 어떻게 네 사업에 응용할 수 있을까? 요즘 유행이 머리를 땋는 것이라면 그것을 배워 봐. 그러면 너는 파티에서 형형색색으로 아이들의 머리를 땋아 주고 추가 요금을 받을 수도 있겠지! 동네 아이들이 농구를 매우 좋아한다면 아이들을 단순히 돌봐 주기보다는 방과 후에 농구도 가르쳐 보렴. 유연성이란 계속 변화하는 고객의 요구에 맞춰 줄 수 있는 능력이야. 성공할 사업가에게 꼭 필요한 자질이 바로 유연성이지.

또한 장애물에 부딪혔을 때 아이디어를 바꾸거나 상황에 적응시킬 수 있는 능력도 유연성에 속해. 네가 독특하고 달콤한 맛의 아이스크림을 개발했다고 하자. 아이스크림 가판대를 열기 전에 어떻게 너의 아이스크림을 보관할지 생각해야 해. 녹여서? 아니면 얼린 채로? 아이스크림이 다 떨어졌을 때마다 달려 나가서 다시 가져오고, 그런 일을 반복해야 하니? 그렇다면 네가 왔다갔다 하는 동안 네가 번 돈은 누가 지켜 주지? 네가 고민해야 할 문제는 두 가지야. 사업에 필요한 모든 것을 갖추고 있는가? 혼자 해낼 수 있는 일일까, 아니면 몇 명과 같이 하는 게 더 나은가? 한 가지 방법은 네 아이스크림을 튼튼한 아이스박스에 넣어서 탁자 밑에 차갑게 보관하는 거야. 또 한 가지 방법은 친구 몇 명과 힘을 모아 교대로 아이스크림이 떨어질 때마다 조달하는 방법이 있을 수 있겠지. 어떤 방법을 선택하든, 예상치 못한 문제가 생겼을 때 너의 생각을 바꿀 수 있는 유연성을 가져야 해. 그렇지 않으면 너의 사업은 제대로 시작하기도 전에 무너지고 말 거야. 그러면 슬프잖아.

책임감

이제는 네 아이디어를 현실로 옮기는 일이 남았어. 아마 이것이 너의 사업에서 가장 어려운 부분일지도 모르겠어. 즉, 계속 너의 사업에 책임감을 가지는 것이지. 네 아이디어를 현실로 옮기는 데에는 많은 시간과 에너지가 필요해. 네가 일을 시작하려면 사람들이 네가 하는 일에 대해 많이 알고 있어야 해. 즉, 사업을 본격적으로 시작하기 전에는 홍보가 필요한 거야. 처음 일을 시작하는 단계에서는 초기비용 때문에 이익을 전혀 얻지 못할 수도 있어. 이 초기비용에는 일을 하기 위해 필요한 도구, 홍보를 위한 비용, 그리고 네 기술을 향상시키기 위한 비용 등이 포함돼. 음식사업의 경우에는 과자를 만드는 도구와 재료 등이 초기비용에 포함되는 거지. 더 다양한 메뉴를 위해 요리책을 살 수도 있고, 홍보를 위해 광고지를 사용하고 싶다면

필요한 학용품
가격이나 컴퓨터
프로그램
사용법을 알아야
할 거야. 실은,
돈을 벌기
전부터 한두

옛날 사람들은
피그(pygg)라고 불리는
진흙으로 만든 항아리에 동전을 모았대.
그리고 그게 나중에 돼지 모양을 본뜬
돼지저금통(piggy bank)이
된 거야.

명의 고객을 확보해 두는 것이 좋아. 처음에는 돈을 못 벌더라도
너무 스트레스 받지 마. 언젠가는 그만큼 돌아올 테니까!

책임감에는 네가 최선을 다해 네 사업을 꾸려가는 것도
포함돼. 네가 한 약속을 지킬 수 있을 만큼 충분한 시간과
에너지를 확보해 두는 것을 잊지 마. 장기적인 계획이라면 학교
공부에 끼칠 영향도 생각해 봐야 하고. 네 목표는 네가 계획한
것을 해내는 것이야. 그 사업을 위해 따로 더 배워야 할 것이
있다면 미리 시간을 나눠 계획을 세워야 해. 예를 들어,
음식배달 사업을 시작하려면 그 음식의
요리법을 정확하게 알아 두어야겠지. 정원손질 사업을 하려면
네가 관리하게 될 식물에 대한 사전조사가 필요하고. 어떤
식물인지, 어떻게 하면 잘 키울 수 있을지 말이야.

약속시간을 정확하게 지키는 것도 매우 중요해. 파티 전에

먼저 가서 테이블 준비를 돕기로 했으면 약속시간보다 일찍 가지는 못하더라도 최소한 늦지는 마. 이것은 너의 스케줄에 철저해져야 한다는 뜻이야. 물론 일을 위해 모든 것을 포기해야 한다는 뜻은 아니야. 때로는 놀거나 쉬기도 해야겠지만, 일을 할 때는 충분한 시간을 들여서 철저하게 해야 한다는 거란다.

마지막으로, 네 자신과 네 아이디어에 책임감을 가져야 해. 다른 사람들이 너를 믿지 못하더라도 너만은 너의 아이디어를 믿고 용기를 가져야 한다는 거야. 물론 다른 사람의 의견을 묻는 것도 중요하지. 이전에 경험을 해 본 사람들은 너에게 좋은 조언을 해줄 수 있을거야. 그들이 너보다 먼저 배달 사업을 시도했을지도 모르잖아. 그들의 이야기를 귀담아 들으면 네가 할 수 있을지도 모르는 실수를 방지할 수 있어. 하지만 실수를 두려워해서도 안 돼. 모든 것을 남들에게 배울 수는 없어. 어떤 것들은 네가 스스로 배워야만 해. 실수를 통해서 점차 잘 하게 될 거야. 이걸 경험을 통한 시장조사라고 생각하는 건 어떻겠니?

물론 힘든 시기도 있겠지만, 도전이 너의 앞길을 더 흥미롭게 해줄 것이고 그 열매는 더욱 달콤할 것이라는 사실을 기억하렴! 그리고 네 아이디어가 가치 있다는 것을 알게 해주는 것은 그것을 직접 실행에 옮기는 것뿐이잖아. 이 일을 해낸다면 네가 진정으로 성공적인 사업가가 될 자질을 가진 사람이라는 거야.

🎙 깜짝퀴즈 결과

너는 누굴까?

A가 가장 많다면

너는 예리한 안목 덕분에 많은 것을 알 수 있을 거야. 호기심이 너의 가장 큰 강점이야. 너는 너의 고객들이 뭘 원하는지 쉽게 찾아낼 수 있지. 너의 호기심을 한층 발전시켜 더 멋진 아이디어를 내는 것을 두려워하지 마. 유행을 알아내는 것도 중요하지만, 그것을 행동에 옮겨 실천하는 것 또한 그만큼 중요해. 멋진 아이디어를 내서 그것을 현실로 만들어 보렴.

B가 가장 많다면

너는 모든 것의 해답을 찾아낼 수 있어. 때로는 평범한 답이 아닐 수도 있을 거야. 너의 창의성이 너에게 상황을 여러 각도에서 볼 수 있도록 도와줄 테니까 말이지. 너는 해결책을 여러 각도에서 발전시켜 나갈 수 있어. 이것이야말로 사업성공을 위한 열쇠란다. 하지만 모든 답을 네 스스로 찾으려고 하지는 마. 유연하고 열린 마음으로 주위 사람들에게도 도움을 구해 봐. 좀더 나은 해결책을 줄 사람이 있을지도 모르잖아?

C가 가장 많다면

너는 언제나 꼭 필요한 사람이야. 너는 유연하고 모든 것들이 시간에 따라 변한다는 것을 이해하고 있지. 흐름을 따르는 너의 성품은 변화에 따라서 고객들을 유연하게 대하지. 하지만 지나치게 유연해서 이리저리 끌려 다니지는 않도록 조심해야 해. 너 자신의 원칙에 충실해. 예를들어 어떤 부부가 아이를 맡기고 곧 집에 돌아온다고 했는데 매일 두 시간 이상 늦는다고 하자. 네가 그들에게 다시 늦지 말라고 부탁했다면 유연하게 대처한 거지. 그러고 나서 공손하게 더 이상 그 일을 맡을 수 없다고 말씀드리렴.

D가 가장 많다면

너는 대나무처럼 곧아서 절대 흔들리지 않아. 너의 책임감과 굳은 결심, 그리고 의지는 네 성공에 열쇠가 될 거야. 많은 사업가들은 사업을 하면서 장애물을 만나. 강한 열망을 가지고 있다면 일을 끝낼 때까지 흔들리지 않고 그 일에 매달릴 수 있을 거야. 하지만 너무 너의 일에만 집중하다가는 자칫하면 큰 그림을 놓칠 수 있어. 일을 네 방식대로 해내기로 결심하는 것은 좋지만, 하나의 길에만 신경 쓰면서 나가는 것보다 그 길에서 마주치는 작은 결정들에도 하나하나 신경 써주는 세심함도 필요해. 너는 그 과정에서 너의 일을 더 효율적으로 만들어 줄 가치있는 아이디어들을 발견하게 될 거야.

세 번째 ★ 수업

훈련캠프!

지금까지

너는 열정을 발견했고, 기발한 아이디어들을 떠올려도 봤고,
바람직한 사업가가 되기 위해 갖추어야 할 점이 무엇인지도
배웠어. 그럼 그 다음으로 뭘 배워야 할까? 너는 고객들에게
약속한 것을 잘 이행할 수 있어야 해. 만약 네가 끊임없이
능력을 향상시키려는 노력을 한다면, 너의 직업에 대해 알고
싶은 것들을 더 쉽게 습득할 수 있어. 성공한
사업가들은 꾸준히 배우는 것이 중요하다는
걸 잘 알고 있거든.

  자신의 일에 최선을 다하는 방법을
안다는 건 두 가지 측면에서 도움이 돼.
먼저, 너는 네 자신의 능력에 대해 자신감을

가지게 되고, 그럴수록 더욱 일을 쉽게 해결할 수 있어. 또다른 이유는, 한번 고객들이 네 능력을 신뢰하게 되면, 너를 편하게 느끼고 더 많은 책임을 맡길 거라는 거지.

네가 베이비시터 일을 찾는다고 상상해 봐. 너는 아마 작은 여동생이나 사촌을 돌본 경험이 있을 거야. 그건 네가 이미 아기 돌보기에 성공했다는 걸 보여 주는 사례야. 또한 너는 응급처치 방법을 배웠을 수도 있겠지. 아기의 부모님들은 네가 아이들을 즐겁게 해줄 뿐만 아니라 안전하게 지켜 주기까지 한다는 점에 고마워할 거야. 심폐기능 소생술이나 응급처치를 배울 수 있는 장소는 여러 군데 있어. 학습장소로 가장 최적의 장소는(가끔은 무료로 제공되기도 해) 지역에 있는 YMCA나 YWCA나 적십자사 지사를 꼽을 수 있어. 너는 다친 무릎에 밴드를 붙여 주는 것부터 심폐소생술이나 구조법까지 모든 것을 배울 수 있단다.

가끔 이런 곳들은 기저귀를 갈아 주는 것부터 간단한 식사를 준비하는 것까지, 아이들을 돌보는 데 필요한 기본적인 것들을 가르쳐 줘. 너는 아이들의 연령대에 맞게 이야기를 들려주거나 게임을 하거나 작품을 만들어 주는 것들을 배울 수 있어. 또한 이러한 학습을 통해 소아심리학을 배움으로써 아이들의 행동을 좀더 잘 이해할 수 있게 되지. 몇 시간 동안 소리를 지르고 악을 쓰는 아이 옆에 가만히 앉아 있기보다는, 거기에 대처할 수 있는 다양한 요령을 알고 있는 게 더 도움이 되지 않겠니? 너는 왜 아이들이 관심을 바라는지, 또 관심을 얻기 위해 아이들이 무엇을 하는지, 너는 거기에 어떻게 반응해야 하는지 배우게 될 거야. 많은 경우 네가 부모님이 아닌 경우에도 아이들을 훈계해야 할 때가 있어. 부모님들의 지시에 맞춰서(그들은 아이들을 가장 잘 아는 분들이시지) 친근하면서도 단호하게 훈계할 수 있는 요령을 배울 수 있어. 반면, 친근하게 대하면서도 여전히 아기에게 책임이 있는 사람의 위치에 있다는 걸 잊지 말아야 해. 그것은 네가 일을 잘 해내기 위해 갖추어야 할 균형적인 행위라고 보면 돼.

　만약 네가 길거리나 학교에서 공예작품을 판다고 결정했다면, 너의 창의성을 향상시킬 수 있는 방법을 찾아 봐야 해. 예술과 공예를 가르치는 교실에서는 작품에 대한 새로운 아이디어나 색다른 재료들을 이용하는 방법을 가르쳐. 너는 고객에게 줄 수 있는 선물을 만드는 데 필요한 신선한 아이디어를 배우고 이 교실을 나오게 되지. 미술재료 상점에서는 주로 일주일에 한 번 꼴로 새로운 작품들을 만들 수 있도록 아이들을 초대하곤 해. 박물관에 있는 미술교실이나 청소년 전용 상점들도 어쩌면 청소년들을 위한 공예나 목공활동을 위한 교실을 제공할 거야.

가까운 옷감 상점들도
가끔씩 바느질 교실을
제공하기도 해. 그러나 이
교실들은 아이들을 위한
것이라는 점을 명심해.
거기에서는 베갯잇이나
행주치마, 퀼트, 사각
팬티, 파자마 등을 만들 수

"나는
똑똑한 것이 아니라,
문제에 좀더 오래 매달리는
것뿐이다."

- 알베르트 아인슈타인

있는 재봉틀 사용법을 배울 수 있어. 어떤 교실들은 특정
프로젝트에 알맞은 직물을 선택하는 방법도 가르쳐 주기도 하고.
너는 거기에서 이미 갖고 있는 기술들을 향상시킬 수 있을 거야.
직선으로 쭉 재봉틀로 박는 건 잘해도, 곡선으로 처리하는 건 잘
못 한다고? 그렇다면 이러한 수업들을 통해 너의 창작품들을
더욱 전문적이고 그럴듯하게 보이게 해서 더 많은 돈을 벌 수
있지!

발명가들은 반짝이는 아이디어를 얻기 위해 어디로 갈까?
정답은 바로 …… 공학캠프야! 새로운 장난감들을 만들고 또
그것을 팔면서 여름방학을 보낼 수 있어. 초등학교에서는 가끔
여름에 이런 캠프를 열기도 하고, 과학관이나 박물관은 이런

교실들을 1년 내내 열기도 한단다. 네 창의성을 동원해서 장난감들을 디자인하고 발명하고, 또 판매계획이나 마케팅도 준비해 보자!

또다른 캠프들은 좋아하는 분야에 대해 많은 걸 배울 수 있도록 컴퓨터나 수학교실을 제공해. 이 캠프에서 배운 것들을 다른 아이들에게도 가르친다면 매우 유용할 거야. 예를 들어, 게임에서 이길 수 있게 수학을 이용하여 컴퓨터 프로그램을 짠다고 생각해 봐. 그런 게임을 아이들에게 수학을 가르치는 데 써보지 않겠니?

문화센터들은 춤과 음악교실에 참가할 수 있는 좋은 장소야. 네가 그전까지는 사용해 보지도 못했던 소재들이나 도구들을 이용하는 방법을 가르치는 교실들을 찾아 보렴. 이러한 기술들은 너로 하여금

■ ■ ■
인터넷 속으로

네가 배우고 싶은 활동들을 가르치는 교실을 제공하고 있는 웹사이트에 찾아가 봐. 어쩌면 네가 원하는 교실을 제공하고 있지 않을 수도 있지만, 거기에 있는 전문가들은 네가 흥미 있어 하는 것을 배우기 위해 어디로 가야 하는지 말해 줄 수 있거든.

다음 페이지에 계속될 거야→

다음 페이지에 계속될 거야→

멋진 파티를 준비하도록 도울 거야.
그리고 넌 스타가 되는 거지!
문화센터들뿐 아니라 연기교습을
위해 주변의 연극극장들을 찾아다녀
봐. 이런 교실은 네가 더 나은
이야기꾼이 될 수 있게 해 줄 테니까.

요리교실을 통해서 네가 할 수
있는 메뉴의 종류를 늘려봐. 물론
너는 맛있는 쿠키를 구울 수
있겠지만, 음식제공 일을 시작할
때에는 좀더 맛있는 음식들을
제공하고 싶을 거야. 요리교실은
칼을 다루거나, 튀기거나,
데치거나, 굽거나, 또는 그 이상의
기본 기술들을 가르치지. 찜, 구이나
치킨 파이처럼 간단하고 신속한
요리들을 배워 보렴. 겨울 내내 일할
것을 생각한다면, 야채수프나
치킨수프처럼 따뜻한 수프 만드는
법을 배우는 것은 필수야.

식물원과 온실의 원예교실에서 때를 묻혀 보는 건 어떨까. 흙, 야채, 곤충, 벌레, 물주기 등을 배우면서 말이야. 만약 정원일을 취미삼아 하고 있다면, 잔디와 정원관리에 대한 심화된 수업을 들어 보는 건 어때? 시장에는 잔디를 더 푸르게 하거나 잡초를 제거하는 신상품들이 항상 판매되고 있지. 그것들을 가장 먼저 알아내서 고객에게 판매하는 건 어때? 최신정보들은 유기농 과일과 채소를 기르고 싶어 하는 사람들에게 유익할 거야. 유기농 정원을 소유하고 유기농 작물을 기르기 위해서 어떤 제품을 사용해야 하고 사용하지 말아야 하는지도 알아 보고. 아무리 까다로운 고객이라도 이러한 지식들로 무장되어 있다면 아무

www.homedepot.com

네 집에서 가장 가까운 homedepot 지사를 찾고, 공예와 목공교실을 제공하는지 문의해 보렴. 그곳이 아니더라도 공예상점이나 지역 주민회관에서 열리는 미술교실을 찾아갈 수도 있지.

www.ctcnet.org

이곳은 무료 또는 저가로 컴퓨터를 통해 배울 기회를 선사하는 1,000여개의 전국적인 사회 기술 센터 연합으로, 무료로 회원가입을 할 수 있어.

www.ja.org

비즈니스, 경제 또는 사업에 대한 전문적인 지식을 얻을 수 있는 청소년들을 위한 웹사이트야.

문제가 없겠지?

　일부 문화센터들은 어떤 직업에나 중요한 사회적 기술들을 가르치기도 해. 그룹활동, 결단 내리기, 의사소통 기술 등을 가르치는 리더십교실을 찾아 봐. 사업에티켓 교실은 어떻게 하면 네가 어른들 사이에서 똑똑하게 행동할 것이며 그들의 관심과 신뢰를 얻을 수 있는지를 가르쳐 줄 거야.

　많은 사업가들은 어려운 여건에서 시작하여 성공했고, 스스로를 배우고 발전시켰어. 이건 너도 할 수 있어 ─ 그것도 집에서! 컴퓨터가 있으면 너의 기술을 좀더 예리하게 다듬어 줄 무수히 많은 소프트웨어 프로그램들을 사용할 수 있어. 그 프로그램들은 네가 더 빠르게 타이핑하거나, 복합적인 수학 기술을 이용하거나, 손쉽게 읽고 쓰는 단어의 폭을 확장시키는 데 도움을 주지. 네가 이미 컴퓨터에 재능이 있다 하더라도 여전히 실력향상을 위한 교실은 열려 있어. 아마 너는 어떻게 웹페이지를 제작하는지 궁금할 거야. 웹페이지를 만드는 데 사용하는 언어인 HTML 사용법을 가르치는 소프트웨어를 찾아 봐. 스스로 조사하고 연습하는 것은 네 스케줄과 속도에 맞게 언제 어디서나 마음대로 공부하는 데 큰 도움을 줄 거야.

　인터넷은 놀라운 조사수단이야. 기사에서부터 토론 게시판까지 열려 있고, 유행을 알아 보기 위해서 인터넷 서핑을 할 수도 있고, 어떤 문제에 관한 해결책을 찾기 위해 다른 사람들과 대화를 나눌 수도 있지. 포토샵에서 사진을 수정하는 방법을 시도하다가 실패한 경험이 있니? 그렇다면 인터넷 게시판에 가서 다른 포토샵 사용자들에게 물어 보렴. 해결책을 알려 주는 사용자들을 발견하는 것은 어렵지는 않을 거야.

서점이나 도서관 또한 조사를 위한 좋은 장소지. 거기에서 네가 흥미 있다고 느끼는 것들을 읽을 수 있어. 정원일이나 보석을 다루는 기본적인 소양 등도 물론이고. 아이들이 부를 만한 노래를 배우기 위해 노래집을 살 수도 있어. 파티나 아이를 돌볼 때 아이들에게 이런 노래를 들려 줄 수 있을 거야. 만약 아이들이 요즘 어떤 책을 읽는지 잘 모른다면 물어 봐서 찾아 보렴. 또한 네 이야기에 아이들이 관심을 가지게 하는 좋은 힌트들도 찾을 수 있을 거야.

봉사활동을 통해서도 많은 것을 배울 수 있단다. 돈을 벌 수는 없지만, 그 보상은 무척 크지. 미래의 고용주들은 네가 보수에 관계없이 하는 일에 열정을 쏟는다는 사실을 알게 되겠지. 네 일에 대한 자부심과 사회봉사를 중요하게 여긴다는 것은, 네 일이 가져다 주는 사회적 이익을 소중하게 여기고 있음을 나타내는 거야. 네가 단순히 돈 때문만이 아니라, 다른 사람의 삶도 바꾸기 위해서 일을 한다는 거지.

네가 흥미를 갖는 활동을 제공하는 단체를 찾아 봐. 가난한 사람들을 부양하거나 노인들 또는 불구자들을 돕는 클럽이나 스카우트에 가입하면, 너는 어떤 직업에서든 유용한 리더십과 조직력을 배우게 될 거야. 또한 다양한 연령과 성격의 사람들과 일함으로써 다른 사람들과 협동하는 방법을 터득하게 될 테고. 협동하고 조직하고 협상하는 행위들은 네가 장차 고객들과 동료들을 다루는 데 열쇠가 될 거야(한 명 또는 두 명의 친구들과 같이 사업을 시작할 때 말이지).

너의 능력을 향상시키는 것이 귀찮은 일이 되어서는 안 돼. 비록 새로운 능력, 특히 어려운 능력을 터득하는 것은 쉬운 일이 아니지만, 훌륭한 사업가가 되어야겠다는 열망은 강한 동기부여가 될 거야. 네가 좋아하는 것을 더욱 잘하고 그 방법을 찾는 것은 일의 효율을 높여줄 뿐만 아니라 사람들에게 제공할 수 있는 재화와 서비스의 폭을 넓혀 주지. 이러한 과정에서 너는 새로운 고객이나 파트너가 될 수 있는 사람들을 만날 수도 있어.

네 번째 ★수업

새로운 일하기

네가

많은 기술을 배우면 배울수록, 너는 기존의 직업에 약간의
변화를 줄 수 있지. 네 사업에 다양한 서비스를 추가하면 상황을
바꾸고 추가수입도 얻을 수 있단다. 여름에만 제공하던
서비스를 일 년 내내 제공하는 식의 변화처럼 말이야.
사고방식을 조금만 바꿔도, 네가 얼마나 많은 것들을 제공할 수
있으며, 그 일들이 얼마나 더 재미있게 변하는지 놀랄 거야.

   아이 돌보기를 보자. 아이
돌보기에 변화를 주는 방법에는
여러 가지가 있어. 색다른 경우에
서비스를 제공한다면 고객들의
폭을 넓힐 수 있을 거야. 어른들이
네 도움을 필요로 할 때가 언제인지

생각해 봐. 가장 먼저 떠오르는 것은 어른들이 파티나 저녁식사에 참석해야 할 때이겠지. 아주 좋은 생각이야. 그렇지만 어른들이 집에 있을 경우에도 도움이 필요할 수 있단다. 어른들은 직장에서 집으로 돌아오면, 보통 저녁을 만들고 내일 먹을 점심을 준비해야 돼. 맞아, 그거야! 넌 저녁 먹기 한 시간 정도 전에 그곳에 가서 잔일들을 도와 주는

깜짝 퀴즈
넌 타고난 사업가일까?

아래 사업가의 기질에 대한 질문들을 보고 네 스스로 각 문제 당 1에서 5까지 점수를 매겨 봐 (1=매우 다름, 5=매우 비슷함). 점수를 합산한 다음 과연 네가 타고난 사업가인지, 아니면 사업을 하기 전에 좀더 많은 노력이 필요한지 알아 보렴.

이 수업의 마지막 부분에서 결과를 확인해 봐.

1. 나는 중요한 일들에 열정적이야.
2. 문제를 풀 때 가끔 창의적인 방법이 떠오르곤 해.
3. 내가 하기로 작정한 것은 다 끝낼 수 있다는 자신감이 있어.
4. 다른 사람들의 도움을 받지 않아도 나 스스로 일을 끝낼 수 있어.

다음 페이지에 계속될 거야 →

5. 새로운 능력을 배우기 위
   해 어려운 일도 재미있게
   할 수 있어.
6. 나는 문제를 예방하기 위
   해 새로운 아이디어들을
   짜내지.
7. 한 번 생각해 낸 아이디어
   는 기꺼이 실행해.

거야. 또 많은 어른들은 퇴근하여 밀린 집안일을 하는 동안 자녀와 놀아 준다면 아낌없이 댓가를 지불할 거야. 부모님에게 이웃 중 맞벌이 부부가 있는지 한번 여쭈어 봐. 비록 직장을 가지지 않은 사람이라도 엄마가 된 지 얼마 되지 않은 사람들도 이러한 서비스가 필요할 수 있어. 네가 아기를 보고 있는 동안 잔일을 하거나 장을 보는 활동을 할 수 있을 테니.

어떤 경우에는 아이들을 돌보는 일이 산책하는 것만큼 쉬울 수도 있어. 아이들을 학교에 보내고 또 데리고 오거나, 버스 정류소에 갈 때, 발레 교습소에 데리고 갈 때 등에는 아이와 함께 걸을 수 있지. 또한 아이 부모들이 야구나 축구 게임을 보고 있을 때 공원에서 아이들을 볼 수도 있고. 야외 파티나, 벼룩시장을 열 때 페이스페인팅이나 작은 공예품 몇 개를 만들 수 있는 공간을 마련하는 것도 돈을 벌 수 있는 좋은 방법이겠지.

공휴일은 아이 돌보기 서비스를 확장할 아주 좋은 시간이야.

어른들은 공휴일
파티 준비하기, 음식
만들기, 선물사기
등을 위해 시간이
많이 필요하지.
하지만 너는 공휴일
계획에 네 활동을
맞출 수 있잖아.

부활절에는 아이들에게 달걀에 어떻게 색칠하고 염색하는지
가르쳐 주렴. 할로윈(halloween)에는 아이들이 할로윈 의상을
만드는 것을 도와 주고, 'treat or trick!'라고 외치면서 함께
돌아다녀 봐. 크리스마스 기간에는 부모님들이 쇼핑을 하고
있을 때 아이들과 함께 크리스마스 장식을 꾸미고 작은 선물을
준비하는 오후 시간을 가져보는 것도 좋겠고.

　　아이 돌보는 일을 더 흥미롭게 만들 수 있는 방법들은 많아.
아이들을 보살펴 주는 일 외에도 숙제를 도와 주는 건 어때?
만일 네가 수학 같은 특정과목을 잘한다면, 부모님께 이웃의
아이를 돌보면서 같이 숙제를 도와 주겠다고 말씀드려 봐.
교과서나 자, 펜, 연필과 같은 물품을 챙기는 건 필수.
어른들이, 한 가지 일에 두 가지 서비스를 제공하는 너의 사업을

높게 평가하고 네 보수를 올려 주시지 않겠니.

　다른 일들에도 변화를 줘 보자.
잔디용 풀이 개발된 뒤로 아이들이
잔디깎기를 해 왔어. 효율성을
높이려면 재배용 식물을 심어
보렴. 네가 잔디깎기와
정원관리를 모두 할 수 있다는

얘기지. 어떤 어른들은 네가 커다란 잔디깎기 기계를 사용하는
것을 꺼려할지도 모르니까, 그땐 나뭇잎을 치우거나, 잔디와
화단에 물을 주거나, 채소밭에서 잡초를 뽑거나, 겨울에 눈
치우는 일 등을 하겠다고 해 봐. 더구나 대부분의 가정 뒷마당에
있는 창고는 일 년에 한 번 정도 대청소를 필요로 한다는 점에
주목하렴.

　그리고 네 시야를 뒷마당에만 국한시키지 마. 나이가 더 많은
이웃들이나 아이를 낳은 지 얼마 되지 않는 어머니들을 위해
심부름을 할 수도 있어. 그들의 쓰레기를 매주 치우거나,
주간지나 잡지를 배달해 주는 것을 제안해 봐. 만약 가까운 곳에
편의점이 있다면 채소나 두부 같은 간단한 식료품을 배달하는
것도 괜찮고. 그들을 도와 줄 수 있는 또다른 심부름들로는
세탁물이나 우편, 소포 등을 가져다주는 일 등이 있지.

여름방학은 휴가 간 이웃을 위해 일할 수 있는 좋은 기간이야. 대부분의 보험회사들은 우편중단 신청을 해도 우편물을 보내곤 하거든. 그런 우편물 정리같은 간단한 일도 할 수 있잖아. 우편물이 꽉 찬 우편함은 도둑에게 집이 비어 있다는 표시와 같거든. 혹은 이웃이 애완동물을 기르니? 애완동물 주인들은 대개 위탁소에 맡기고 여행을 떠나지만 집에 남겨 두고 가기도 하니까 밥을 주고 뒤처리를 해 줄 누군가를 필요로 해. 집안의 화초에 물 주는 것 또한 필요하지. 만약 휴가를 떠나는 이웃이 있다면, 대신 집을 돌보겠다고 요청해 봐.

집에서 지내는 이웃이라 하더라도 여름에는 도움이 필요할 거야. 청소가 필요한 수영장이 있겠지? 실외 가구, 차고, 지붕 등은 일 년에 한 번은 페인트를 다시 칠해 주어야 하지. 네가 여름에 일을 잘한다면, 그 이웃은 겨울에 집을 비울 때 네게 다시 일을 맡겨야겠다고 생각할 거야.

휴가를 떠나거나 하루 종일 일하는 이웃들은 모두 잠재적인 고객이야. 그들에게는 보살핌이 필요한 애완동물들이 있을 수 있어. 고양이, 새, 햄스터는 모두 보살펴 줘야 하는 동물들이지.

최근에 수술을 했거나 사고를 당해
회복 중인 애완동물에게는 더 많은
관심이 필요하다는 것은 알겠지? 그
동물들의 건강을 살펴보고 혹시
주인에게 어려움이 있는지 물어봐.
만약 네가 경험이 있고 또 잘해 낼 수 있다면, 우선적으로 그런
애완동물을 돌보는 서비스를 해 보렴. 새나 햄스터 우리를
청소하고 고양이와 강아지들을 목욕시켜 줌으로써 더 돈을 받을
수도 있지.

이웃을 상대로 특별한 사업을 하는 것은 특별한 사람들을
위해 특별한 일을 하는 것이야. 사람들이 필요로 하는 특별한
서비스를 제공한다면 절대 실패하지 않아. 게다가 지역사회에서
사람들을 돕는 일은 네가 일을
잘하는 믿을 만한 일꾼이라는
소문을 더 빨리 퍼지게 할 거야.
좋은 소문은 너를 더욱 가치 있게
만들고, 많은 고객들도 불러들이지.

다른 일을 또 하나 생각해 보자. 과자판매는 아이들이
좋아하기는 해도 다소 평범한 일이니까 네가 그 사업을 특출하게
만들려면 새로운 방법을 찾아야 해. 친구나 가족에게 선물하기

**인터넷
속으로**

www.youngbiz.com

*새로운 사업을
시작하려는 너를
위해 백과사전만큼
많은 정보를
제공해 주고, 실제
사업가들의 수많은
감동스런
이야기들을
제공하는 좋은
사이트야.*

위한 선물꾸러미를 만드는 것은 어떨까? 서로 다른 상황에 맞게 다양한 묶음을 준비하고 마음에 드는 것을 고르게 하는 거야. 예를 들어, 대학 야구부원인 아들을 위해 그 어머니는 야구배트와 글로브를 선물꾸러미로 요구할 수도 있어. 아픈 사람을 문병해야 하는 사람들을 위한 과자에는 밝은 색깔로 '쾌유를 빕니다.'라고 써주렴. 선생님들을 위한 과자 꾸러미에는 'A$^+$'라고 적힌 스티커를 붙여서 만들어 줘.

눈에 보이는 시장에만 너의 상품을 제한하지 마. 어떤 다른 고객들이 네 과자 굽는 실력을 필요로 할까? 강아지용 과자처럼 동물먹이를 만들어 보는 건 어때? 요리 방법을 서점이나 인터넷에서 조사해야 하지만, 시간과 노력을 투자할 정도의 가치는 있을 거야. 물론 사람들이 그냥 상점에서 애완동물을 위한 과자를 살 수도 있어. 하지만 천연재료로 먹이를 만들고 신선한 상품을

아침에 배달한다면
경쟁시장에서 큰
이득을 얻을 수 있을
거야. 미국인들과
유럽인들이
애완동물을 위한

네가 사업가라면
무조건 돈을 벌려고만 생각하지는 마.
왜냐고? 그건 돈에 대한
두려움일 뿐이니까.

음식에 일 년에 무려 17조원이나 소비한다는 사실을 알고 있니?

경제성이 높은 두 가지 일을 동시에 하면 새로운 아이디어를 얻을 수 있어. 세차장과 간이식당이 함께 위치해 있는 것이 좋은 예야. 친구들과 협동하면서 편하게 돈을 벌어 보렴. 네 친구가 세차하는 동안 뜨거운 햇볕 속에서 기다리는 사람들에게 레모네이드 한 잔을 권해 봐. 고객을 늘리기 위해 다른 일들을 기존의 일에 응용해 볼 수도 있어. 파티를 계획하는 일을 하게 되었다면 청소까지 도맡을 수도 있지. 네가 생일파티에서 광대가 되었다고 생각해 보자. 파티가 끝난 후 편안한 복장으로, 장난감이나 다른 물건들을 치우는 것을 도와 줄 수 있으니까.

기존의 일들을 색다르게 만들 아이디어가 쉽게 떠오르지 않는다고? 이 책 뒤에 있는 부록을 찾아 보렴. 어떤 일에 변화를 주는 방법과 문제가 발생하기 전에 예방하는 방법들에 대한 기발한 아이디어들이 적혀 있단다.

물론 더 많은 사업을 한다는 것은 더 많은
책임을 안고 있다는 말과 같아. 네가 더 많은
서비스를 제공할수록, 너는 더욱 신중하게
계획들을 짜야 하고 때에 따라 과감히 너
자신을 희생할 수 있어야 해. 만일 네가 하는
사업의 질이 떨어진다면 너는 더 이상 그
사업을 계속할 수 없을 거야. 사람들은 네가 별로라고 생각할
것이고, 너는 줄어든 일과 늘어난 스트레스로 사업을 끝내게 될
테지. 또한, 오랜 시간동안 일에 집중하고 흥미를 느낄 수
있어야 해. 학교에서나 소풍, 파티, 부서 체육활동 때도 일을
맡는다면 더 산만하게 되고 네 능력은 점점 한계에 다다르겠지.
일 년 동안 견뎌낼 수 있을 정도로 균형 있게 사업과 학교생활,
그리고 과외활동을 하는 것이 중요해.

네가 이런 식으로 여러 가지 일을 잘해 나간다면 너의
고객들은 너에 대해 좋은 인상을 갖고 더 많은 일들을 맡길 거야.
일의 수행에 있어서 좋은 아이디어를 찾는 노력이 중요하다는
사실은 절대 잊지 마. 만일 네가 열린 마음을 가지고 있다면
그다지 노력하지 않고도 사업에 대한 많은 아이디어를 얻을 수
있어. 사람들의 요구는 항상 변하기 마련이야. 네가 이런 추세를
잘 파악하고 있다면 그런 변화에 잘 대응할 수 있을 거야.

깜짝퀴즈 결과

넌 타고난 사업가일까?

30~35점: 천부적인 사업가야

너는 사업가가 되기 위해 태어났어. 너의 자신감, 창의성, 그리고 열정은 사업의 세계에서는 위대한 유산이지. 너는 사업에 적용될 수 있는 상당한 아이디어를 가지고 있을 거야. 무수히 많아 보이는 가능성들에 괜히 주눅들지 마. 너의 재능은 굉장히 뛰어나고, 다양한 아이디어들은 사업의 좋은 기반이 될 수 있어. 즐길 수 있을 정도로 한두 가지 일에 집중하렴.

20~30점: 가능성이 있는 사업가야

너는 아마 성공적인 사업가가 되기 위해 준비해야 할 기본적인 것들이 무엇인지 알고 있을 거야. 이제 너는 그것들을 좀더 발전시키고 자세한 것까지 다 알아야 해. 네가 잘 알지 못하는 것들을 공부하고, 궁금한 부분들에 대한 답을 네가 존경하는 사람들에게 물어 보렴. 지도해 주시는 분이나 네가 본받고 싶은 사람들 중에서 조언을 구하고 싶은 사람이 있니? 모든 것을 다 알지는 못해도 괜찮아. 배우는 것은 똑똑한 사업가가 되기 위한 과정 중 하나일 뿐이야.

20점 이하: 아직은 부족한 사업가야

사업을 시작하고 싶어 하는 의지는 놀라워. 스스로 사업을 시작하려는 생각은 칭찬할 만해. 하지만 너는 아직 배울 것이 많고, 그 사실이 너의 사기를 꺾을 수도 있어. 하지만 포기하지는 마. 너의 부모님께 하나하나 도와 달라고 부탁해 보렴. 부모님은 너의 목적과 능력에 가장 적합한 일이 무엇인지 생각할 수 있도록 도와 주실 거야. 또한 성공적인 사업을 하기 위해서 요구되는 중요한 능력들을 배울 수 있는 방법들도 제시해 주실 수 있어. 자, 누구든 언젠가는 시작해야 해. 조사를 하고, 너의 목적을 세우렴. 이제 시작이야!

둘째 날 ★상점 열기

다섯 번째 ★ 수업

계획표 짜기

아이들아

사업을 시작할 때 가장 많이 하는 실수는 바로 일을 하는 데
걸리는 시간을 과소평가한다는 점이야. 물론 네가 열정을
가지고 즐겁게 할 수 있는 일들에는 시간을 많이 할애할 수 있어.
하지만 일을 하면서 즐거움을 누리는 것과 대충대충 일만 하는
것은 다르잖아. 한편으로는 돈을 버는 것에 모든 시간을
투자하여 즐길 시간도 없이
하루 종일 일만 하는 것은
원하지 않을 거야. 만약 네
사업을 성공시키고 싶다면
먼저 계획을 세워야 해. 일과
여가의 조화를 찾는 일은

중요하거든.

일과 여가시간을 잘 조화시키는 방법은 계획표를 짜는 거야. 계획표를 만드는 일은 네가 계획한 활동들과 잔일을 달력에 모두 메모하는 정도로 충분해. 머리로 생각만 한다면 어떤 일을 해야 할지 잊어버릴 수 있기 때문에 이것이 도움이 될 거야. 계획표는 너의 기억을 되살리고 시간활용을 시각적으로 할 수 있는 좋은 방법이야.

종이 위에 계획표를 짜보면 네가 어떻게 시간을 배분해야 하는지 쉽게 알 수 있을 거야. 만일 네가 막 시작하는 단계라면, 새로운 사업에는 일주일에 10시간 정도 투자하는 것이 바람직해. 주말에도 일할 수 있다면 주중에는 하루에 두 시간 정도 일하는 것이 좋아.

"나는 성공으로 가는 지름길을 모른다. 그렇지만, 모든 사람들을 만족시키려고 노력하는 것이 실패로 가는 지름길이라는 것은 안다."
- 빌 코스비

하지만 일 년 내내 일을 계속할 것이라면 그보다 더 많은 시간을 학교생활이나 숙제에 써야 해.

한 가지 더

너의 스케줄을 부모님과 함께 의논하는 것도 좋은 생각이야. 왜냐고? 부모님은 너에게 어떻게 하면 일을 더 잘 처리할 수 있는지에 대해 조언과 요령들을 가르쳐 주실 수 있기 때문이지. 게다가 네가 일하는 시간을 아시면 네가 바쁠 때 너와 함께 어디를 가면 안 된다는 사실도 아시니까. 그러면 서로 편해질 수 있지. 게다가 부모님들이 네가 가야 하는 곳까지 차를 태워 주실 수도 있잖아. 그러니까 부모님들에게 네 계획을 말씀드려 봐.

만약 스케줄을 좀더 자세하게 짜고 싶다면, 커다란 종이에 너만의 달력을 만들어 봐. 필요할 때 수정하기 쉽도록 코팅이 된 달력과 마커를 사는 것도 좋겠지. 각각의 활동들과 잔일들을 하는 데 필요한 시간들은 적어 봐. 참여하고 있는 활동을 생각할 때, 연습실이나 특별한 대회 같은 곳까지 갔다가 오는 시간과 쉬는 시간을 더해 주는 것을 잊지 않도록 해. 예를 들어, 매주 일요일 오후에 한 시간 정도 하는 수영클럽에 가입했다고 하자. 그리고 2주나 3주에 한 번씩 수영을 한다고 하자. 쉬는 시간도 포함시키는 걸 잊지 말고. 만약 네가 대회에서 몇 번이라도 이기고 싶다면 말이야! 여기에다가 수영장에 한 번 가고 올 때마다 걸리는 30분을 더하자. 이렇게 되면 이 수영클럽은 네 스케줄에서 굉장히 커다란 부분을 차지하게 돼.

잔일과 학교공부 말고도 네 시간을 잡아먹을 수 있는 것들이 있어.

초기의 이탈리아 은행가들은 거리의 벤치에서 사업을 시작했다고 해. 은행을 뜻하는 영어 "bank"라는 단어도 벤치를 의미하는 "banca"에서 유래한 거지.

가족모임이나 생일, 소풍, 그리고 휴가 등의 특별한 날들처럼 혹시 여름방학 때 사촌들이 놀러 오니? 일하는 것보다는 사촌들과 놀고 싶겠지. 게다가 치과나 병원에 가야 할 수도 있고. 이건 꽤 많은 시간이 걸릴 수도 있는 일이잖아. 만약 네가 봉사활동을 하고 있다면, 단지 돈을 못 번다는 이유로 그만두지는 마. 도움이 필요한 사람들을 위한 시간을 보내는 것은 매우 의미 있는 일이야. 아, 그리고 노는 시간을 남겨 두는 것도 잊지 마. 이 시간을 사용해서 쉬거나, 책을 읽거나, 친한 친구들과 노는 데 보내도록 해.

네 시간을 잘 사용하는 방법은 날짜가 적힌 작은 수첩을 가지고 다니는 거야. 네가 학교에서 친구로부터 생일파티에 초대를 받았다고 해 보자. 만약 수첩을 가지고 있다면 곧바로 네가 그 생일파티에 참여하기 위해서 스케줄을 변경해야 할지 알

수 있을 거야. 만약 그 시간에 특별한 일이 없다면, 곧바로 '생일파티'라고 써 놓을 수 있으니까. 부모님의 허락을 받겠다는 메모도 함께. 마침 시간이 비어 있고 부모님 허락도 받았다면 네 달력에다 그 계획을 표시해야겠지. 물론 친구를 위해 선물을 사는 시간을 내는 것도 잊지 말고!

지금까지 우리는 주간계획이나 일일계획을 어떻게 세우는지 살펴보았어. 그러나 많은 사업들은 일 년을 기준으로 계획을 세워야 돼. 계획표는 일을 여름 동안만 할지 아니면 일 년 내내 할지를 결정하는 데 많은 도움이 될 거야. 또한 네가 하는 '일의 종류'는 네가 일 년 내내 일할 것인지 아니면 특정 기간에만 할 것인지를 결정하는 데 커다란 영향을 미친다. 직업에 따라 엄청나게 바쁘다가도 그 시간만 지나고 나면 매우 한가해지기도 하지. 또 어떤 직업들은 일 년 내내 바쁘기도 하고. 예를 들어, 만약 네가 크리스마스 장식을 만든다면, 연중에는 주문을 받거나 장식을 만들든지 하며 그리 바쁘지는 않을 거야. 그렇지만 12월이 되면 너는 눈코 뜰 새 없이 바쁠 거야. 연중에는 좀 쉬더라도 크리스마스 2주 전부터 좀더 많이 일하는

것은 그리 나쁘지 않은 방법이야. 여기 너에게 맞는 결정을
내리는 것을 도와줄 질문 몇 개를 만들어 봤어.

⋛ 어떤 목표를 갖고 일하고 있니?

얼마만큼의 돈을 모아야 할지 목표를 갖는 것은 네가 얼마나
많이 일할 것인지를 결정하지. 분명한 목표는 동기를
부여하거든. 장기적인 목표나 단기적인 목표를 세워 봐. 그리고
네 사업의 목표를 글로 적어 봐. 구호기금을 마련하기 위해?
여름방학 때 갈 여행을 위해? 목표는 하나 이상일 수도 있어. 네
일을 통해서 이루고 싶은 것들은 모두 적고 간단한 문장으로
그걸 정리해 보는 거야.

이렇게 하면 단지 몇 달 동안만 일을 할 것인지 아니면 일 년
내내 일을 해야 하는지 알
수 있어. 만약 네 목표가
자전거를 사려는
것이라면, 일 년 내내
일을 해야만 할지도 몰라.
하지만 무료급식소에
기부할 기부금을 모으려
한다면, 아마 여름 동안만

목표를
높게 잡으렴.
아샨티(Ashanti)는
12살부터 가수생활을
시작해서 9년 후 첫
그래미(Grammy) 상을
탔단다.

일해도 될 거야.

▷ 네 사업이 계절의 영향을 받니?

대부분의 일거리들은 적어도 약간은 계절의 영향을 받을 거야. 뜰에서 일하는 것을 예로 들어 보자. 봄, 여름, 그리고 가을에는 나뭇잎들을 치우고, 정원에 물주고, 지붕에 페인트칠하고, 꽃을 심는 등의 일을 할 수 있어. 겨울에는 진입로를 치울 수 있고. 그래서 만약 네가 사계절이 뚜렷한 곳에서 산다면 너는 세 가지를 결정해야 할 거야. 계절마다 달라지는 일들을 다 할 수 있는지, 학교에 가면서 일을 할 시간이 있는지, 일 년 내내 일할 것인지 아니면 몇 달 간은 쉬면서 재충전을 할 것인지에 대해서 말이야.

어떤 직업들은 연중의 특정기간과 잘 맞지 않을 수 있어. 만약 네가 무언가를 사기 위해서 일정한 금액을 벌기로 계획했다면 이 사실을 잘 고려해야 돼. 만약 신선한 과일주스를 팔려고 한다면, 여름기간을 제외하고는 돈을 벌기가 힘들어. 우선 겨울에는 과일을 구하기 힘들 뿐만이 아니라 비싸거든. 둘째로, 너무 추울 때는 밖에 나가 장사를 하기도 힘들 거고, 사람들도 그렇게 많지 않을 거야.

휴일들도 계절과 비슷한 역할을 하는 경우가 있어. 만약 네가

퍼지(과자의 일종)를 만들고 팔려고 한다면, 부활절이나 크리스마스가 가까울 무렵이면 매우 바빠지겠지만, 보통 때는 생일파티 때나 조금 만들겠지.

친구와 함께 사업을 할 경우에는 계획을 짜는 것이 좀더 복잡해질 수 있어. 너 자신의 시간과 활동뿐만 아니라 친구의 사정도 고려해야 하잖아. 친구에게도 계획표를 작성하도록 권해 봐. 친구의 모든 활동, 잡일, 또는 행사들을 기록한 후에, 두 사람의 계획표를 대조하면서 언제 두 사람이 모두 시간이 남는지 확인할 수 있을 거야.

계획표를 서로 대조하면서 조정하는 일이 두 사람 모두의 요구를 충분히 만족시킬 수는 없겠지만, 친구와 함께 일하는 것이 네 사업에 득이 되는지 손해가 되는지 판단할 기회를 제공할 거야. 네가 팀과 함께 일하는 것과 혼자서 일하는 것 중 어느 것에 더 적합한지 알아보기 위해 다음 물음에 답해 보렴.

⋛ 무엇을 성취하고 싶니?

친구와 사업을 잘 운영하기 위해서는 친하게 지내면서 동시에 비슷한 흥미와 목적을 가지고 있어야 해. 물론 똑같은 분야에서 잘 해야 한다는 것은 아니야. 오히려 네가 잘 하지 못하는 분야에서 잘 하는 누군가와 힘을 합치는 것이 도움이 될지도 몰라. 하지만 너희가 함께 일하는 목적, 또는 일하는 그 자체의 목적은 비슷해야 하지. 만일 너는 자전거를 사기 위해 일을 하는 반면 너의 친구는 CD 두 장을 사기 위해 일한다면, 너는 친구에 비해 일하는 시간이 더 많이 필요할 거야. 그리고 이 차이가 친구와의 우정에 금이 가게 할 수도 있어. 너는 네가 친구에 비해 더 많은 시간을 투자해야 한다는 데 실망할 것이고, 친구는 네가 아무런 휴식도 없이 단지 일, 일, 일, 일만 하고 싶어한다고 느낄지도 모르지. 사업에 착수하기 전에 너희의 목표에 대해서 함께 생각해 보는 시간을 가지는 것이 바람직해.

함께 사업을 하는 것이 교우관계에 어떤 영향을 미칠까?

너는 그 친구와 잘 지내는 편이니? 아니면 서로 경쟁관계에 있니? 적절한 경쟁심은 좋은 영향을 주지. 너희들로 하여금 자기 일에 최선을 다할 수 있게 만들기도 하고. 하지만 만약 계속 누가 더 잘했는가만 따지려 한다면 그 관계는 곧 끝나버릴 거야. 가끔은 함께 일을 하지 않는 것이 좋은 우정을 지키는 방법이 되기도 해.

그 친구와 함께했던 시간들을 생각해 봐. 아무리 친한 친구라고 해도 서로에게서 벗어난 시간을 가지는 것이 필요하지. 만일 네가 이미 그 친구와 같은 축구팀이나 수영팀에 소속되어

있고 캠프도 같이 갔다면 다른 친구들과 팀을 짜는 방법을
생각해 보는 것이 어때? 일을 통해 다양한 사람들을 알아 가면서
또다른 새로운 친구를 만드는 것도 좋을 거야.

　너의 형제자매들과 함께 사업을 시작하는 것은 어떨까?
너희들이 집안일을 할 때 일을 잘 해 내는지 생각해 봐.
효율적으로 일을 나누어서 빨리 끝내니? 아니면 누가 일을 더
많이 해야 하는지에 대해 말다툼이나 하고 있니? 너는
형제자매와 방을 같이 쓰니? 그것에 대해 만족해? 네가 그들과
잘 지낸다고 생각하면 사업을 함께 해도 좋아. 같은 집에서 살고
있기 때문에 사업적인 문제가 있을 경우 손쉽게 그 문제를 같이
해결해 나갈 수 있기 때문이야.

동업을 하는 것이 도움이 될까?

　네가 관심을 가지고 있는 사업의 종류가 네가 누군가와
협력할 것인지, 아니면 혼자 일할 것인지 결정하는 요인이
되기도 해. 과제나 논문을 타이핑하는 것은 혼자 할 때 더
효율적이야. 하지만
음식을 제공하는 일은
한두 명의 친구들과 함께
하는 것이 낫겠지. 음식을

만들 때는 다른 사람의 도움을 받는 것이 나을 테고, 배달도 두 명일 때 더 빨리 할 수 있잖아.

물론 어떤 경우에는 친구와 함께 일하는 것이 비효율적일 수 있어. 만일 너의 가장 친한 친구가 먼 동네에 살고 있다면 함께 판매하려고 하는 머리핀을 만들기 위해 자주 모이기는 힘들겠지. 매일마다 부모님께 그곳에 데려다 달라고 부탁한다면, 분명 얼마 지나지 않아 부모님께서는 네가 제대로 일할 수 없을 것이라고 생각하실 거야.

만약 함께 일하는 것이 최고의 방안이라는 결론이 났으면, 규칙을 정하는 것이 좋아. 계획에 예상하지 못한 변화가 생겼을 때는 어떻게 대처할 것인지, 변경사항에 대해서는 어떤 방식으로 알릴 것인지, 공휴일에는 누가 일할 것인지, 누군가가 아프면 어떻게 할 것인지 등에 대해서 논의해야 해. 위기상황은 누구에게나 일어날 수 있잖아. 네가 일을 시작하기 바로 직전까지 와서야 그날 일하지 못할 것 같다고 말한다면, 우정뿐만 아니라 너희의 사업까지 위기에 빠질 거야.

여섯 번째 *수업

사업 활성화

사람들에게

네가 사업을 한다고 알리는 것은 활동에서 중요한 부분을 차지해. 사람들이 너에 대해서 전혀 알지 못한다면, 네가 그들을 위해 무엇을 제공하는지 어떻게 알 수 있겠니? 세 단계에 걸쳐 전략을 세워 보렴. 먼저, 좋은 평판을 얻기 위해 중요한 요소는 무엇일까? 둘째, 사업을 만들고 발전시키기 위해 보유하고 있거나 사용할 수 있는 것이 무엇일까? 셋째, 광고는 누구를 목표로, 또 어떻게 만들까?

　네 사업을 발전시키기 위한 가장 손쉬운 방법은 광고쪽지를 나눠 주고 명함을 돌리는 거야. 광고지를 인쇄하고 나눠 주기 전에 사람들의

관심을 더 끌기 위해서 무엇이
필요한지 생각해 봐. 예를 들어, 모든
사업에는 이름과 로고가 있어.
로고는 사람들이 네 사업을 쉽게
기억할 수 있도록 사용하는 표시야.
노란색 'M'글자가 맥도날드와 어떤
관계가 있는지, 휘어진 체크가
어떻게 곧바로 나이키를 떠올리게
하는지 생각해 봐. 로고는 그림과
글씨 둘 다를 표함해. 몇 가지 로고를
만들어서 부모님과 친한 친구들에게
어느 것이 가장 마음에 드는지 물어
보렴. 보다 나은 로고에 대해 조언해
줄 거야.

광고지나 명함은 다른 사람들의
눈길을 사로잡을 수 있어야 해.
광고지는 독특한 모양과 색깔로
눈길을 끌 수 있지. 색채가 다양한
광고는 단조로운 광고들보다
사람들의 관심을 쉽게 끌 수 있어.

인터넷
속으로

www.jumpstart.org
*사람들의
금융교양을 위한
점프 스타트
협력 단체 :*
*우와, 이거 입이 짝
벌어질 만한 이름
아니니?
이 사이트에
접속해서
로그인하면,
더 나은 사업가가
되기 위한 도움을
받을 수 있는
다른 사이트
링크나 게임들,
요령들을 얻을 수
있단다.*

그러나 지나쳐서는
안 돼. 너무 많은
색깔을 사용하면
보는 사람이
혼란스러워질 수
있거든. 컬러복사가
너무 비싸기도
하고. 마음 속으로
너의 사업을
나타내기에 가장
적합한 테마를
생각해 봐.
파티플래너라면,
광고지를 화려한
색으로 꾸미고
명함에 파티를
연상케 하는 모자와
풍선들을 그려
넣어도 좋고.
음식제공

깜짝 퀴즈

네 사업을 사람들에게 알릴 수 있니?

사람들과 거리낌 없이 이야기할
수 있는 능력은 중요한 사업수
완이야. 왜 그럴까? 그것이 바
로 고객들을 사로잡는 열쇠거
든. 네가 네 사업에 대해 꿰뚫
고 있고 누구와도 자연스럽게
이야기할 수 있다면, 광고지나
명함의 광고와는 상관없이 훨씬
수월하게 상품을 팔거나 서비스
를 제공할 수 있을 거야. 이 퀴
즈를 풀면서 네가 사업을 성사
시키기 위해 얼마나 준비되어
있는지 확인해 보렴. 그 다음에
는 어떻게 너의 능력을 향상시
킬 것인지도 읽어 봐.

1번부터 5번(훌륭함)까지 단계
를 매기면 돼.
이 수업의 마지막 부분에서 결
과를 확인해 봐.

다음 페이지에 계속될 거야 →

1. 나는 준비하지 않고도 내 상품이나 서비스에 대해서 잘 말할 수 있어.(1점부터 5점)

2. 나는 어떤 사람들이 가장 쉽게 내 고객이 될 수 있는지, 어디에 그들이 있는지, 그리고 어떻게 만날 수 있는지 알고 있어.(1점부터 5점)

3. 나는 내 사업과 비슷한 상품들의 가격을 잘 파악하고 있으므로 내 상품들의 가격은 적당해.(1점부터 5점)

4. 나는 정확하고 사람들의 시선을 끄는 광고지와 명함을 가지고 있어.(1점부터 5점)

5. 나는 내 경쟁자들이 제공하는 상품들이 무엇인지 잘 알고, 왜 내 서비스가 더 좋은지 그 이유들을 많이 알고 있어.(1점부터 5점)

다음 페이지에 계속될 거야 →

서비스라면 광고지에 주방장 모자와 수프 접시, 그리고 컵케이크를 그려 넣으면 어떨까?

광고지와 명함은 컴퓨터로 쉽게 디자인할 수 있어. 어떻게 명함을 만드는지 가르쳐 주는 프로그램들은 많아. 네 사업에 관련된 아이디어를 짜고 미리 형식을 갖춘 명함을 구입하여 인쇄할 수도 있어. 광고지를 만드는 것도 그리 다를 바 없단다. 보통 크기의 종이에다 인쇄한 다음, 사람들의 우편함이나 자동차의 유리창에 끼워 봐. 네 모든 상상력을 동원해서 네 광고지를 다른 광고지들과 차별화할 수 있는 방법을 찾아 봐. 손잡이에 걸 수 있는 광고지를 만드는 것은 어떨까? 밝은 종이에 인쇄하는 것은 어떨까? 그렇지만 좋은 광고지나 명함들은 단순히 이목을 끌기만 해서는 안 돼. 네 사업에 대한 모든 중요한 정보들을 광고에 넣는 것은 판매 촉진을 위한 첫 번째 단계야.

6. 나는 프레젠테이션 하는 것을 연습해서 처음 대면하는 사업가들과 대화를 나눌 때 불안해하지 않아.(1점부터 5점)

7. 만약 사람들이 내 아이디어를 별로 좋아하지 않는다면, 나는 그들의 의견을 존중하여 내 아이디어를 발전시켜 나가.(1점부터 5점)

8. 나는 내 상품을 산 고객들을 항상 찾아가 그들이 내 상품에 대해서 어떤 생각을 가지고 있는지 알고 싶어해.(1점부터 5점)

광고지와 명함은 다섯 가지 중요한 정보를 지녀야 해. 네 이름, 네 사업명칭과 상표, 전화번호, 이메일 주소, 그리고 네가 제공하는 서비스에 대한 간략한 설명이 바로 그것이야. 안 쓰는 물건들을 한 데 모아 팔기로 한다면, 광고지에 날짜, 시간, 장소, 그리고 오는 방법을 포함해야겠지. 만약 계속 진행되고 있는 사업을 위해 광고지를 만든다면, 네가 제공하고 있는 상품이나 서비스 그리고 그 가격을 광고지에 포함시켜야 할 테고. 글씨체는 반드시 분명하고 읽기 쉬워야 해. 잠재적인 고객들이 네가 제공하고 있는 정보를 이해할 수 있어야 하니까.

그렇다면 어디에서 돌리냐고? 지금 당장 밖으로 나가 광고지를 될 수 있는 한 많이, 최대한 빠르게 돌리고 싶을 거야. 물론 이 방법은 네 사업에 대한 소문이 잘 퍼지게 해 주겠지. 그렇지만 너는 기진맥진해질 거고, 네 돈과 에너지가 아무런 소용도 없이 낭비되었을 수도 있어. 광고지가 어디에서 가장 커다란 효과를 불러올 수 있을지를 먼저 생각해 봐야 해. 핵심은 모든 사람들이 광고지를 보는지의 여부가 아니고, 도움이 필요한 사람들이 광고지를 보는지의 여부야. 생각해 보렴. 만약 네 집에서 멀리 떨어진 사람이 너에게 잔디를 깎아 달라고 부탁한다면, 부모님께 매주 운전해 달라고 하지 않고도 무거운 장비를 들고 갈 수 있겠어?

고객들을 사로잡을 수 있는 장소에 대해서 생각해 봐. 몇 군데 가능한 곳으로는 집, 동네, 부모님이 일하시는 직장, 학교의 게시판, 문화센터, 식료품점 게시판 등이 있어.

공공장소에 광고를 붙일 때는 허락을 먼저 받아야 한다는 사실을
잊지 마. 아래에 관심을 끌기에 적당한 장소 5군데를 적어 보렴.

1. _____

2. _____

3. _____

4. _____

5. _____

만일 약간의 돈이 남는다면 지역신문에 작은 광고를 내 보는
건 어때? 큰 효과를 내기 위해서는, 큰 일간 신문보다는
지역신문 광고가 더 좋아. 부모님께 가격은 적절한지 여쭈어
보고, 너에 대한 정보를 공개하는 것이 안전한가에 대해 상의해
봐. 인터넷에 광고를 내고 싶다면 지역안내 사이트에 한정해서
광고를 올리렴. 그리고 어떤 사이트가 너에게 효율적이고
안전할지 부모님과 꼭 상의해.

창의력을 동원하면 고객들에게 다가가는 방법을 조금 바꿔 볼 수도 있어. 그렇게 돈이 많이 드는 방법이 아니더라도 괜찮아. 쉽고 재미있게 사람들의 시선을 끌 수 있는 방법으로는 음성메일의 마지막에 짧게 네 사업에 대해 언급하거나, 네 사업 이름이 적혀 있는 티셔츠를 입거나, 네 사업에 대해서 같은 반 친구들에게 말할 수도 있지.

그리고 부모님의 도움을 과소평가하지 마. 부모님의 직장 동료들께 네 사업에 대해서 좋은 말을 해 달라고 부탁해 봐. 만약 부모님의 직장에서 네 일에 흥미를 느끼는 분이 있다면, 그 잠재적인 고객에게 다가가 사업을 시도해 보렴.

너의 사업목표를 말할 수 있니?

30-40점: 이야기를 정말 잘 하는구나

너는 사업을 발전시키는 데 재능이 있어. 무엇에 대해서든 간에 멋지게 이야기를 할 준비가 되어 있다고 할 수 있지. 네 사업과 어떻게 하면 고객들에게 다가갈 것인지에 대해 많은 생각을 하고 있을지도 모르겠네. 하지만 지금보다 더 잘해 낼 수 있다는 사실을 명심하렴. 너는 자유롭게 건네는 모든 대화가 사업에 대한 장황한 선전이 될 우려가 있어. 그건 상대방의 화를 돋우는 일이지. 그러니 사업에 대해 이야기 할 때는 적절한 시간을 잘 선택하렴.

20-30점: 좀더 훈련해야겠구나

너는 눈에 띄는 광고지와 멋진 명함을 만드는 데 필요한 지식을 다 갖추고 있어. 하지만 사람들 앞에서 너의 사업에 대해 말하는 것을 부끄러워해. 특히 잘 모르는 사람들 앞에서 말이지. 하지만 걱정하지 마. 도움이 되는 방법이 있어. 명함에 너의 사업에 왜 사람들이 관심을 가져야 하는지, 또는 왜 그 상품을 사야 하는지, 세 가지 이유를 적어 보렴. 그리고 부모님이나 형제자매, 또는 가장 친한 친구들 앞에서 그것들에 대해 이야기해 봐. 곧 누구 앞에서든지 자신있게 말할 수 있게 될 거야.

20점 미만: 이야기할 때 혀가 꼬이는구나

너를 상대방의 인상에 남기는 중요한 일이야. 너는 너의 사업에 대해 이야기하는 것을 잊어버리고, 이웃들에게 광고지 나눠 주는 일조차 두려워하는 것 같네. 하지만 포기하지는 마. 친한 친구에게 도와 달라고 부탁해 보렴. 아마 친구와 함께라면 이웃들에게 광고지를 나눠 줄 수 있는 용기가 생길 거야. 여건이 된다면, 친구가 이웃들에게 너의 사업에 대해서 대신 소개해 줄 수도 있어. 부모님께도 도움을 요청해 봐. 부모님께서 너의 광고지를 회사동료에게 나누어 주실 수도 있겠지. 만일 너에 대해서 더 알고 싶어 하신다면, 자기소개를 간략하게 적어서 그분들에게 전화를 걸어 보렴. 나중에는 그분들을 직접 만나서 말하는 것이 두렵지 않을 거야.

일곱 번째 ★ 수업

프로가 되어라!

가끔

어른들은 네가 어리기 때문에 사업을 잘 하지 못할 거라고
생각하시기도 해. 이유야 어찌 되었든, 네가 너무 어려서 늦장을
부리거나 해야 하는 일을 제대로 이해하지 못할 거라고
생각하시지. 어른들이 너를 차별하시는 것처럼 느껴지겠지만,
그 어른들이 잘못 생각하고 계시다는 것을 직접 보여 드려야 해!
물론 쉽지는 않을 거야. 너에게도 책임감이 있고 일도 잘 할 수
있다는 것을 보여 드리려면 두 배는 더 열심히 해야 할 테니까.
하지만 넌 할 수 있어! 손님에게 네가 일을 잘 한다는 인상을
주는 방법에 대해 몇 가지 힌트를 줄게. 네가 프로라는 것을
보여 주면, 그 손님은 다음에도 또 너에게 일을 맡길 거야.
　네가 하는 일에서 최고가 되는 것이야말로 어른들이 너에게

일을 맡기시는 가장 큰
이유가 되겠지만, 그 외의
다른 사항들도 도움이 될
수 있어. 네가 어떻게
행동하고 어떤 옷을
입는지도 너에 대해 많은
것을 보여 주지. 아마
이런 말을 들어 본 적이
있을 거야. 첫인상을 만들
기회는 한 번뿐이다.
대부분의 경우, 이 말은
사실이야. 일을 찾는
중이든지 이미 일을 하고
있든지에 상관없이,
언제나 옷은 단정히
입어야 해. 하루 종일
잔디를 깎아야 하기
때문에 땀으로 범벅이
되고 손이 더러워진다
해도 마찬가지야. 만일

깜짝 퀴즈

나는 얼마나 조직적일까?

조직적이란 무엇인가가 질서
있는 상태를 의미하지. 자세
하게 말하자면, 만일 네 방이
난장판이라면 네 사업도 그
럴 가능성이 높다는 거야. 아
래 질문들에 대답하면서 너
의 생활에 정돈이 조금 더 필
요한 것은 아닌지 알아 보렴.
이 수업의 마지막 부분에서
결과를 확인해 봐.

1. 방금 바삭바삭하고 맛있는
   바비큐칩 한 봉지를 다 먹
   었는데, 주방의 쓰레기통
   이 꽉 차 있다면?

   A. 식탁에 그냥 놓고 가야
      지. 어머니께서 조금
      있다가 다 치우실 테니
      까.

다음 페이지에 계속될 거야 →

B. 쓰레기통을 비워야지.

C. 과자 봉지를 넣을 만큼의 공간이 생길 때까지 쓰레기통을 눌러야지.

2. 친구가 저번 주에 빌려간 비디오 게임을 돌려달라고 전화했다면?

　　A. 바로 돌려주겠다고 말하고 빌려줘서 고맙다고 해야지.

　　B. 무슨 비디오 게임을 빌려줬었는지 다시 말해 달라고 해야지. 방바닥 여기저기에 비디오 게임들이 널려 있으니까.

　　C. 며칠만 더 빌리자고 졸라야지. 도대체 어디에 두었는지 기억이 나지 않거든. 아마 새로 사 주어야 할 것 같네.

다음 페이지에 계속될 거야 →

지저분해질 것을 미리 알고 있다면 티셔츠를 하나 더 가져가서 도중에 갈아입으면 돼. 너도 기분이 좋아질 것이고, 다른 사람들에게 막 마라톤을 완주한 선수 같은 느낌도 주지 않을 거야.

아기를 돌보는 일을 할 때에는 밥을 먹이면서 셔츠나 바지에 끈적끈적한 것을 묻히기 쉬워. 이럴 때에는 여벌옷을 챙겨 가야 해. 바지와 셔츠 몇 벌을 가져 가렴. 아기 부모님께 으깬 감자요리가 어떻게 하다가 옷에 묻었는지

설명하고 싶지는
않잖니?

어른들에게 네가
믿을 만하다는 것을
보여 드리는 다른
방법은 공손하게
행동하는 거야.
'부탁드려요'라든가
'감사합니다'라는
말을 자주 쓰는
것만으로도 큰
효과가 있어.
공손하다는 것은
다른 사람들의 삶을
존중한다는
뜻이거든. 만일
일거리를 찾으러
이웃들에게 집집마다
잔디깎을 일이
있는지 물어 보러

3. 일요일 오후라서 친구들과 영화를 보러 가기로 했어. 그래서 방금 땅콩버터와 젤리 샌드위치를 먹었지. 집을 나설 때 식탁의 상태는?

A. 주방에서 음식을 가지고 장난을 치고 나온 것처럼 너저분해.

B. 먼지 하나 없이 반짝반짝 윤이 날 정도야.

C. 땅콩버터는 식기장에 넣어 놓았고 젤리는 냉장고에 다시 넣어 놓았지만, 그릇과 빈 컵들은 식기세척기에 넣지 않고 그냥 싱크대에 던져 두었어.

4. 방청소는?

A. 매일 저녁 15분 정도.

B. 매주 두세 번씩 30분 정도.

C. 매주 토요일 아침 2시간 정도.

다음 페이지에 계속될 거야 →

5. 비디오를 빌리면?

A. 다 보자마자 바로 반납해. 심지어는 비디오를 빌린 그 날일 수도 있지.

B. 이틀 정도 후에 반납해. 보통 제한 날짜 며칠 전이지.

C. 가져다 주어야 한다는 사실이 기억날 때 반납해. 한 달이 걸릴지도 몰라.

다니기로 했다면, 저녁시간에 해서는 안 돼. 집에서 식사를 하고 있을 때 물건 사라는 전화가 오는 게 얼마나 짜증나는 일인지는 알고 있지? 문을 두드리는 것도 그다지 환영받지는 않을 거야!

전화를 하거나 방문을 하려면 지금 대화를 나눌 수 있는 상황인지 먼저 여쭈어 봐. 네가 아무리 2분 동안 열심히 설명한다고 해도 상대방이 물을 끓이고 있어서 네 말을 제대로 듣지 못한다면 소용이 없잖아? 너무 바빠 보이면 광고지나 명함을 남기고 떠나. 만일 상대방이 단 몇 분도 통화할 시간이 없다고 하면, 전화를 몇 번이나 다시 걸어서 그 사람을 귀찮게 하지 않도록, 언제 통화하면 좋을지 미리 여쭈어 보렴.

어른들이 네가 일을 제대로 할 수 있다고 믿도록 하려면 창의적일 필요가 있어. 예를 들어, 학용품이나 축하카드를 팔 때 공짜샘플을 나누어 주는 것도 좋은 생각이야. 집에 친구들을 모아 놓고 네 상품을 보여 주면서 이야기를 한 후에 샘플을 몇 장씩 나눠 주는 거야! 친구들은 집에 가서 부모님들께 그것을 보여 드리면서 네가 카드를 실제로 만드는 것을 보았다고 말하겠지. 공짜샘플들은 네 상품을 알리는 좋은 방법이고, 네 친구들은 그것들을 홍보하는 셈이고.

일을 맡은 후에도 프로 근성을 보여야만 해. 필요한 모든 장비를 가지고 제 시간에 일터에 도착하렴. 잔디를 깎으러 갈 때에는 고객이 필요한 도구를 가지고 있을 것이라고 지레 짐작하지 마. 고객이 오후에 바비큐 파티를 계획하고 오전에 정원 잔디를 다 깎아 놓으려 했는데, 네가 정오 느지막하게 잔디 깎는 기계도 없이 오는 것을 본다면 얼마나 실망할까. 이것만은 확실히 해 둬. 언제 일을 해야 하고, 또 일을 하는 데 무엇이 필요한지를.

아기를 돌본다면 게임이나 그림, 꾸미기 재료, 책 등을 챙겨. 물론 이미 다 갖추어져 있을 수도 있어. 하지만 새로운 자료들을 가져간다면 꼬마 손님을 기쁘게 해 줄 수 있을 뿐 아니라(아이 돌보기가 쉬워지겠지), 그 부모님에게도 깊은 인상을 남기지.

책임감을 가지고 아이 부모님께 미리 이것저것 여쭈어보렴. 여기 나와 있는 연락처 목록을 복사하거나 그려서 가지고 가. 아이를 돌보기 위해서는 아이 부모님이 어디에 계실 것인지,

비상시에는 누구에게 연락을 해야 하는지, 아기를 재워야 하는 시간처럼 특별히 지켜야 하는 것은 무엇인지 등을 알아야 해. 많은 부모님들께서 이런 사항들을 냉장고 문 위에 붙여 놓고 가시지만, 무엇이 더 필요한지 체크하는 것이 좋아. 부모님들은 그런 것들을 자세히 알고 싶어하는 너의 호기심만으로도 너와 아이만 남겨두고 나가는 것에 안도하실 거야.

> 아기 돌보기 체크사항
>
> 1. 부모님의 소재
>   위치:
>   전화:
>   주소:
>
> 2. 비상시 연락처
>
> 3. 부모님의 귀가 예정시간
>
> 4. 아기의 취침시간
>
> 5. 아기가 복용하는 약 이름
>   마지막 복용시간
>   다음 복용시간
>   용량
>
> 6. 기타

  네가 프로라는 것은 보다 조직적이라는 의미이기도 하지. 모든 일이 제 시간에 다 수행되고 완성되도록 하는 것은 너에게 달려 있어. 주문용지에서 계산서와 영수증까지, 너의 사업에 대한 자료들을 조직적으로 다루면 다룰수록 너는 더욱 믿을 만하고 효율적인 사람이 되는 거란다.

  문서를 정리하는 가장 쉬운 방법은 중요한 문서나 편지, 영수증, 계산서 등을 손쉽게 다룰 수 있도록 파일로 정리하는 거야. 엄청나게 대단한 파일을 준비할 필요는 없어. 문방구에서

파일 폴더 몇 개를 사서 캐비닛이나
책상 서랍, 아니면 상자에라도 모아
두면 돼.

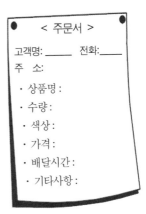

   네가 하는 사업의 종류에 따라서
주문용지가 필요할 수도 있어. 예를
들어 집에서 만든 과자나 식물과
꽃의 씨앗, 학용품 등을 판매한다면
주문용지가 꼭 있어야 한단다. 옆
장에 있는 용지를 한 번 보렴. 주문용지에는 여러 내용을 쓸 빈
칸이 있어야 해. 고객 이름, 주소, 전화번호, 원하는 상품의
종류, 양, 색깔, 가격, 배달할 날짜와 시간이나 특별한 주문
사항들을 적어야 하니까 말이야. 인터넷에서 샘플용지들을
참고하여 너의 사업에 알맞은 너만의 용지를 만들어 보렴. 이런
내용들은 고객의 주문에 맞게 일을 제대로 끝내기 위해 확실히
알아야 할 것들이야. 아, 그리고 고객에게 복사본을 드리는 것
잊지 마.

   주문받은 일이 끝난 다음에는 계산서를 제시해야겠지.
청구서 즉, 계산서는 배달날짜, 일의 내용, 비용, 고객이
지불해야 할 전체금액, 그리고 지불을 완료해야 할 날짜를
포함해야 해. 당연히 '감사하다'는 말을 전하는 것도 잊지

않아야지! 그리고 네가 계산서의 복사본을 가지고 있는지 꼭 확인해. 이것이 네가 일을 끝마치고 지불을 기다리고 있다는 증거니까.

고객이 영수증을 달라고 할 때 제시할 수 있도록 언제나 준비해 놓는 것도 중요해. 물론 영수증도 대단한 것일 필요는 없어. 지불이 끝났으면 고객에게 날짜, 구매한 상품, 그리고 지불한 전체 금액이 표시된 작은 종이 한 장을 드리는 거야. 그리고 네가 한 일에 대해 보수를 받았으면 네 계산서에는 '완료'라고 표시해 놓는 것이 좋아.

```
가나다 상회

연 필    1,500
펜       1,000
색연필   3,000
장 갑    2,000
---------------
합 계    7,500

2007/05/05
THANK YOU
```

이런 작업들을 잘 할 수 있는 좋은 방법은 고객에 대한 자료를 모으는 거야. 색인카드 뭉치와 신발상자 같이 작은 상자 하나면 충분해. 고객을 위한 모든 일을 끝마친 후에는 카드에 고객이름과 전화번호, 주소, 그리고 날짜를 적어. 또 주문과 계산서, 영수증을 모두 거기에 붙여서 무슨 일을 했는지 알 수 있게 해 놓으렴. 혹시 그 고객이 특별히 좋아하는 것이나 싫어하는 것, 선호하는 것이 있다면 잊지 않도록 카드에 적어 두고. 그리고 이런 카드들을 가나다순으로 정리해 놓는 거지. 사업을 좀더 확장하고 싶을 때 카드에 적힌 사람들에게 연락해서

혹시 다시 주문할 생각은 없는지
알아볼 수 있잖아.

열심히
일하는 것보다
더 나은 것은 없다.

- 토마스 에디슨

아마 대부분의 문서업무는
방에서 하겠지. 그러니 방을
동물우리처럼 만들고 싶지 않다면
한 구석을 사무실 공간으로 따로
만드는 것은 어때? 급한 일을 한
눈에 확인할 수 있도록 게시판도
하나 걸어 놓고. 계획표도 눈에 띄는 곳에 두고. 책상이 있다면
종이 클립과 펜, 우표, 계산기, 메모장, 그리고 고객 파일들을
깔끔하게 모아 두렴. 책상이 없다면 간단하게 상자를 하나
구해서 일과 관련된 것들을 다 보관하면 되겠지.

하지만 가끔은 네가 일을 맡기에 적합한 사람이라는 점을
남에게 확신시킬 수 없는 경우도 있어. 인내심을 가지는 것은
좋지만, 화가 날 정도로 애쓸 필요는 없어. 어떤 어른들은 온갖
이유로 어린이를 고용하지 않으려 할 거야. 여러 번 시도해도 네
말을 듣지 않는다면 그 사람을 설득하는 것은 그만 두고 다른
일을 찾는 것이 더 나아. 다른 곳에 너를 고용하려고 하는
사람들이 많이 있을지도 모르는데 너를 원하지도 않는 단
한사람을 설득시키느라 시간낭비하는 것을 바라지는 않겠지?

🎖️ 깜짝퀴즈 결과

나는 얼마나 조직적일까?

1. A=0 , B=2 , C=1
2. A=2 , B=1 , C=0
3. A=0 , B=2 , C=1
4. A=2 , B=1 , C=0
5. A=1 , B=2 , C=0

0~3점 : 성공과는 거리가 멀어

만약 이 결과가 너의 조직적인 능력을 조금이라도 반영하는 것이라면, 너는 사업을 제대로 운영할 수 없을 것 같구나. 이제부터라도 좀 정돈을 하고 지내는 게 좋겠어. 물건들을 정리해 놓을 공간만 있어도 그렇게 심하게 어질러지지는 않을 수도 있어. 방에 수납공간을 충분히 만들어 놓으렴. 정리정돈을 하기 위해 필요한 시간은 하루에 겨우 10~15분 정도란다.

4~6점 : 난장판 애호가

그리 나쁘지는 않지만 그렇다고 좋지도 않아. 지금은 아슬아슬하게 이 수준에 속하는 것이기 때문에, 만일 앞으로도 따로 청소 시간을 만들지 않는다면 금세 더 나빠질 거야. 하지만 포기하지는 마. 물건들을 정리하는 것뿐 아니라 너 자신을 조직적으로 변화시킬 수 있는 새로운 아이디어들에도 관심을 기울이렴. 난장판을 쉽게 정리할 수 있도록 멋진 수납상자들을 많이 갖추어 두는 것이 도움이 될 것 같구나.

7~10점 : 정리정돈 괴물

너는 모든 것을 정리해야만 직성이 풀리는구나. 네 방은 유행하는 가구 카탈로그에나 나올 법한 한 장의 그림 같을 거야. 너에게는 이미 모든 서류문서들을 정돈하는 것쯤은 쉬운 일일 테고. 하지만 너무 정리에만 열중하지는 마. 더 많은 일을 하는 데에 쓸 수 있는 시간을 모든 것을 흠집 하나 없이 정리하는 데에만 낭비하는 것이 그다지 좋지만은 않잖아.

여덟 번째 ★ 수업

얼마나 많은 돈을 원해?

지금까지

네가 한 모든 생각들이 멋진 사업계획을 짜는 데 도움이 될 거야.
사업계획은 설명서 같은 것인데, 성공을 위한 최고의 길을
찾도록 널 도와 주지. 사업계획은 너의 목표와 그것을 달성하기
위해 네가 어떤 계획을 세우고 어떤
자원을 필요로 하는지에 대한 내용을
모두 포함하고 있어. 너는 이 모든
과정들이 돈과 연관되어 있다는 점을
주목해야 해. 어떻게 돈을 벌고,

저축하고, 써야 하는지
말이야.

우선 네가 사업을 통해
무엇을 달성하고 싶은지
써보는 것부터 시작하자.
이것이 바로 너의
'사업목표'야. 너는 왜
사업을 시작하게 되었니?
게임기나 새옷, 기타를
사기 위해서, 여행을 가기
위해서, 다른 사람을
돕거나, 심지어는 세계를
구하기 위해서일 수도
있겠지. 너의 목표를 한두
줄로 요약해서 적어
놓으렴.

다음으로는 지난
수업에서 누가 너의 사업과
같은 일을 하고 있는지
알아 보기 위해서 했었던

이건 실화야!

다니엘(Daniel Miller Jr). 15
살, 펜실베니아 주에 거주

다니엘은 9살 때부터
집에서 〈다니엘 문화엽서
회사〉를 운영하고 있단다.
컴퓨터 도사인 다니엘은 수
천 장의 엽서, 편지, 광고지,
초대장, 심지어는 장례식
안내장까지도 컴퓨터로 만
든다고 해.

가장 좋아하는 선생님
께 엽서를 판매한 것으로
시작한 다니엘의 첫 번째
거래는 우연이었지만, 그후
로 열심히 일한 덕분에 다
니엘은 초기의 장애물을 딛
고 사업을 튼튼하게 유지해
올 수 있었어.

다음 페이지에 계속될 거야 →

시장조사에 대해 다시 생각해 보자. 네 상품이나 서비스에 누가 관심을 가질지도 알아 봤었지? 만일 네가 하려는 사업을 이미 하고 있는 사람이 있다면 그 사람의 상품의 가격도 조사했을 거야. 이 모든 정보들을 사업계획서에 '시장조사와 자료'라는 제목으로 적어 봐.

네 사업을 활성화시킬 아이디어들을 계획했던 것 기억나니? 이제는 손님명단을 더 길게 늘이고 싶을 때마다

"처음에는 많은 어른들이 내가 스스로 사업을 한다는 것을 믿지 않으셨어요. 우리 어머니께서 카드를 만드시는 것이라고 생각하셨죠." 다니엘의 말이야. 따라서 다니엘은 자신의 사업을 알리기 위해 지역 도서관에 자리를 빌려서 직접 보여 주었다고 해. "사람들은 내가 내 일에 대해 얼마나 많이 알고 있는지 놀라워했답니다."

지역사회 프로그램도 다니엘이 사업수완을 기르는 데 도움을 주었지. 첫 번째는 아마 다니엘이 9살 때 참가했던 여름캠프일 거야. 기업가 정신을 가르치는 국가기관에서 어떻게 사업계획을 짜는지 배우고, 성공적인 사업을 운영하는 방법에 대한 책들도 많이 읽었대.

다음 페이지에 계속될 거야 →

다니엘의 목표는 단순히 성공적인 사업을 운영하는 것뿐이 아니라 이를 통해 암 연구기금에 기부할 수 있을 정도의 충분한 돈을 버는 거야. 다니엘은 언젠가는 모든 종류의 암치료법을 찾아 낼 자기만의 연구센터를 가지기로 마음먹었어. 이미 카네기멜론 대학의 암연구진과도 팀을 짰다고 하는구나! 다니엘은 1998년에 할아버지가 암으로 돌아가시고 나서 이 목표를 정했다고 해.

사업가가 되고 싶은 다른 아이들에게 조언 한마디 해달라는 요구에 그는 이렇게 답했어. "누구든지 사업을 운영할 수 있으며, 어른들만 할 수 있는 일이 아니라는 것을 말해 주고 싶어요. 중요한 것은 마음속에 목표, 그리고 꿈을 가지는 거예요."

참고할 수 있도록 사업계획서에 그 아이디어들을 적어 놓자. 맨 위에 '사업확장과 홍보' 정도의 제목을 달면 좋겠지.

그리고 지금이야말로 네 사업을 진짜 시작하는 데 비용이 어느 정도 들어갈지 생각해야 할 시점이기도 해. 반 친구들의 입소문이나 현재 고객들의 추천처럼 돈이 한 푼도 필요없는 홍보기술들도 있지만, 그 외의 다른 방법들로 홍보하려면 돈이 필요할 거야.

네가 전에 생각해 두었던 홍보 아이디어들을 모두 목록으로
만들어 봐. 그것들을 실행에 옮기기 위해 필요한 준비물들도
알아 보고. 이미 집에 가지고 있는 것들은 준비물 목록에서
지워버려도 돼. 목록에 남은 것들이 네가 사야 할 것들이야.
예를 들어, 네가 수학 과외선생님이라는 것을 교회와 문화센터
게시판에 광고지를 붙이고, 너보다 어린아이들을 가진 이웃집
부모님들께 명함을 드리고, 친구들과 선생님들이 너의 능력에
대해 잘 알 수 있도록 말하고 다니면서 광고하기로 마음먹었다고
하자. 그렇다면 네 목록은 아마 다음과 같을 거야.

· 광고지(프린터 용지 1 팩) 5,000원
· 명함(인쇄 가능한 사업용 명함 1 세트) 10,000원
· 입으로 소문내기 0원

따라서 '사업확장과 홍보' 비용은 총 15,000원이 되겠구나.
좀더 줄일 수는 없을까? 필요한 준비물들을 더 낮은 가격으로 살
수 있는 상점들을 알아 봐. 집 사무실에 쌓아 둔 문서작업용
도구들처럼, 네가 필요한 물건들도 아마 할인점에서 살 수 있을
거야.

사무실 용품이나 홍보용 준비물들처럼 자주 필요한 물건 구입
외에도, 일 년에 한두 번 정도 지출하는 비용도 있어.
바느질이나 목공기술을 배우기 위해 지불하는 수강료 같은

것들은 한 번으로 충분하지.

종류별로 비용이 어느 정도 드는지 계산해서 총 비용을 사업계획서의 '지출'란에 적어. 처음 일을 시작할 때는 이 비용을 지불하기 위해 통장에 저금해 놓은 돈을 써야 할 수도 있어. 저축해 놓은 돈이 하나도 없다면 부모님께 돈을 조금 빌릴 수도 있겠지. 물론 돈을 벌기 시작하면 바로 갚아야 한다는 것을 잊지 말아야 해. 부모님께 사업계획서를 보여 드리면서 네 사업과 목표에 대해 설명 드리고 돈을 빌리겠다는 계약서를 만들렴.

사업계획서에 적어 놓은 정보들을 사용하면 네가 판매하고 싶은 상품이나

인터넷
속으로

www.csuchico.edu/sife

*현명한 아이,
부자 아이 만들기
젊은 사업가 캠프 :
California State
University의
Chico 캠퍼스에서 열려.
5, 6학년 학생들을
위한 것으로,
37,500원($25)을
출발자금으로 받고
사업계획을 짜서,
마지막 축제 때에
작은 상점을
스스로 만들게 돼.*

서비스에 알맞은 가격도 정할 수 있을 거야. 가격을 정하는 것이 좀 까다로울 수도 있지만, 신중하게 생각한다면 고객도 많이 모으는 동시에 사업을 유지할 만한 이익도 내는 좋은 가격을 찾아 낼 수 있어.

네가 파티에서 아이들을 즐겁게 해 주는 광대가 되기로 결정했다고 하자. 우선 언제까지 얼마를 벌고 싶은지 정해야 해. 음, 6개월 동안 50만원 정도면 괜찮겠구나. 이제 이 사업을 하는 데 드는 비용을 목록으로 만들어 봐. 파티에서 광대흉내를 내려면 의상과 풍선, 게임, 장난감 등이 필요하고 광고지나 주문용지, 약속을 적어 둘 수첩 같은 것도 있어야겠지. 그 외에도 상황에 따라 갑자기 필요한 것이 생길 수도 있고. 이번에는 목록이 아마 다음과 같을 거야.

< 지 출 >	
준비물	가격
• 의상 ······································	37,500 원
• 풍선 ······································	7,500 원
• 게임, 장난감 ······························	15,000 원
• 광고지, 주문용지 ··························	7,500 원
• 수첩 ······································	3,000 원
• 기타 ······································	5,500 원
• 총계	76,000원

총 비용은
76,000원이구나.
따라서 네가
목표로 계획한
50만원을 벌기
위해서는
76,000원의 비용을
포함해서 총 57만
6천원을

벌어야겠지. 한 번 일을 할 때마다 얼마 정도를 받을 생각이니?
3만원 정도가 좋겠다고 생각한다면, 이제 계획이 현실적인지
확인해 보자.

　57만 6천원을 6개월로 나누면, 목표를 달성하기 위해서는
매달 9만 6천원을 벌어야 한다는 결론이 나오지. 파티 한 번에
3만원을 받는다고 생각하면 6개월 만에 58만원 이상을 만들기
위해서는 한 주에 한 번 정도 파티에 가야 하지. 이 정도면
여름방학에는 가능하겠지만, 학기 중에는 좀 어렵겠지. 결국
58만원을 벌기 위해서는 한 번 일을 할 때마다 돈을 조금 더 많이
받거나 몇 달 더 일해야 한다는 계산이 나오지.

셋째 날 ★ 돈 관리하기

아홉 번째 *수업

4개의 바구니 운영법

새로

시작하는 사업의 절반 정도는 사업을 시작한 첫 해에 망하는데, 대부분이 계획을 제대로 짜지 않았거나 시장조사가 부족했기 때문이야. 지금까지의 수업에서 열심히 배웠다면 그런 장애물들을 어렵지 않게 피할 수 있을 테지. 네 사업의 성공을 보장하는 또 하나의 방법은 바로 현명하게 돈관리를 하는 거야. 월말마다 가계부를 확인하고

순서대로 회계를 해야 해. 그동안 번 돈을 더한 후 거기에서 모든 지출액을 빼고 남는 것이 바로 순이익이야. 한 달 동안 구매한 모든 물건들의 영수증을 모아 두는 것도 잊지 마. 그렇게 하면 지출한 돈을 깜박 잊고 가계부 지출액에 기록하지 않았을 때 도움이 될 거야. 돈이 얼마나 남았는지 확실하게 알아야 그 돈으로 무엇을 할 것인지 생각해 볼 수 있겠지. 돈을 신중하게 관리한다면 네가 필요하거나 원하는 것을 사는 데 돈을 조금 쓰면서도 미래를 위해 저축도 할 수 있어.

네 돈을 잘 관리하는 가장 간단한 방법은 바구니(신발상자도 괜찮아)를 네 개 구해서 다음과 같이 이름을 붙여 놓는 거란다. **저축, 지출, 투자 그리고 기부**. 가장 이상적인 방법은 순이익의 10%는 저축 바구니에, 10%는 투자 바구니에, 10%는 기부 바구니에, 그리고 남은 70%를 지출 바구니에 넣는 거야.

물론 각 바구니에 돈을 나누어 넣는 양은 너의 장기적 또는 단기적인 목표에 따라 조금씩 달라질 수 있어.

지출 바구니에 수입의 대부분을 넣는 이유는 지출이 사업운영에 필요한 비용뿐 아니라, CD나 옷, 그리고 매일 필요한 다른 물건들처럼 너의 단기적인 목표에 대한 비용까지 모두 포함하기 때문이야. 하지만 여름캠프를 가거나 새 디지털 카메라를 사는 것과 같은 장기적인 목표를 달성하기 위해 돈을 저축하는 것도 잊어서는 안 돼. 이러한 장기적 목표는 많은 비용이 드는 경우가 많기 때문에 그것을 이루는 데에도 시간이 더 오래 걸린단다. 네가 정한 목표에 따라 바구니별 비율을 바꾸는 것은 전적으로 네 자유야.

인터넷
속으로

www.ncee.net

경제교육에 관한
국립 협의회:
너의 재무능력을
비범하게 해 줄
재미있는
활동들로 꽉 찬
훌륭하고
아기자기한
사이트란다.

저축

저축 바구니는 나중에 은행에 맡길 돈을 안전하게 저장해 두는 바구니야. 아직 은행계좌를 가지고 있지 않다면 이 바구니 속의 돈을 가지고 하나 만들 수 있을 거야. 은행에 돈을 맡겨 놓으면, 계좌에 있는 돈의 일정한 비율만큼 이자를 받을 수 있어. 또한 언제든지 원할 때 돈을 인출하거나 더 넣을 수 있지.

≥ 투자

투자 바구니에 돈을 넣는 것은 그것이 다음 주든, 다음 여름이든, 아니면 다음 해든지 간에 너의 미래를 위해 준비를 하는 것이나 다름없어. 은행 이자는 그다지 큰 금액이 아니기 때문에 은행계좌에 돈을 저축하는 것이 네 돈을 크게 늘려 주지는 않을 거야. 따라서 주식을 사거나(회사의 일부분을 사는 거야) 펀드(여러 회사의 주식을 모아 놓은 거야)에 투자하는 것도 생각해 볼 만해. 현명하게 잘 선택하기만 한다면, 이런 투자들은 현금을 바구니나 은행계좌에 넣어놓는 것보다 훨씬 더 빠르게 돈을 불릴 수 있어.

≥ 기부

직접 봉사활동을 하지 않더라도, 네 수입의 10% 정도를 기부 바구니에 넣는 것도 지역사회를 위해 네가 할 수 있는 봉사활동의 일환이야. 물론 네가 백만원짜리 수표를 내놓는 것은 아니니까 네 기부가 지역 신문의 첫 번째 페이지를 장식하지는 못할 테지만, 너는 분명히 도움이 필요한 사람을 돕고 있는 거란다. 너보다 풍족하지 못한 사람들을 도울 때에는 작은 도움 하나도 중요해. 목표는 네 지역사회를 가장 살기 좋은 곳으로 만드는 거니까.

지출

지출 바구니는 너 자신을 위해 필요하거나 네가 원하는 것들을 위한 바구니야. 70%는 상당한 양이지만, 이 바구니는 그 정도로 많은 것들과 관련이 있지. 옷에서부터 게임기나

> 성공은
> 네가 원하는 것을
> 얻는 것이고,
> 행복은
> 네가 가진 것을
> 간절히 바랄 때
> 있는 것이다.
>
> - 델 카네기

생일선물까지, 네가 지출하는 돈은 끝도 없을 거야. 게다가 이 바구니는 업무를 위한 지출도 모두 포함하고 있어. 아! 물론 가계부의 '지출'란에도 업무와 관련되어 구입한 모든 물건들의 목록을 적어야 한다는 사실을 잊으면 안 돼. 사업을 유지하는 데에 드는 비용을 정확히 알아 두는 것은 매우 중요해. 네가 지금 네 상품과 서비스에 대해 알맞은 가격을 받고 있는지 판단하는 기준이 되기 때문이지. 만일 사업과 관련된 지출에 네 개인적인 돈까지 자꾸 쓰게 된다면, 그건 네가 상품이나 서비스에 대한 대가를 제대로 받지 못하고 있다는 뜻이야.

열 번째 *수업

저축 :
돼지저금통에서
은행계좌까지

돈을

은행계좌에 넣어 두는 데에는 몇 가지 이유가 있어. 첫째,
돼지저금통이나 침대매트리스 밑에 숨겨 놓는 것보다
안전하니까. 둘째, 은행에 돈을 보관하는 것만으로도 이자를
통해 적은 액수이긴 하지만 돈을 늘릴 수 있으니까. 셋째,
저축이라는 유익한 버릇을 가질 수 있게 되니까. 그리고
마지막으로, 은행이 제공하는 다른 혜택들을 받을 수 있으니까.
특히 너처럼 작은 사업을 하고 있는 사람들에게 편리한 혜택들이
많단다.

계좌를 만들려면
종류에 상관없이 너의
주민등록번호가
필요해.
주민등록번호는
정부가 인증하는 건데,
네가 누구인지 증명해
주지. 거의 대부분의
사람들은
태어나자마자
주민등록번호를 받아.
어떤 사람들은 계좌를
만들거나 직업을 구할
때가 되어서야 받기도
하고. 부모님께 너의
주민등록번호에
대해서 여쭈어 보렴.
번호를 알았다면, 이제
계좌를 만들 수 있을
거야.

깜짝 퀴즈

너는 돈을 어떻게 사용하니?

아무리 적은 양이라도, 무엇인가가 들어오면 그만큼 나가기 마련이야. 돈을 저축한다면 그만큼 쓰기도 하는 거지. 이 퀴즈를 풀어 보고 네가 지금 돈을 어떻게 쓰고 있는지 알아 보렴. 네가 돈을 잘 쓸 수 있도록 도와 줄 조언을 확인하는 것도 잊지 말고.

이 수업의 마지막 부분에서 결과를 확인해 봐.

1. 생일선물로 현금을 받게 된다면?
A. 이미 뭘 살지 생각해 놓았어. 주머니에 넣기도 전에 다 써버릴 거야.
B. 저축 바구니에 넣어 둘 거야. 꼭 필요할 때가 아니면 돈을 쓰는 것은 나쁜 거니까.
C. 내 생일이니까 쓸 만큼 쓰고. 나머지는 저축해 두어야지.

다음 페이지에 계속될 거야 →

2. 내가 갖고 싶은 물건이
   내가 가진 돈보다 비싸
   다면?
   A. 부모님을 졸라서 돈을 조
      금 더 받을 거야.
   B. 집안일을 도와서 돈을 더
      벌고, 충분한 돈을 모을
      때까지 저축해야지.
   C. 부자 친구들에게 돈을 좀
      빌려야겠어.

3. 시험을 망쳤다면?
   A. 쇼핑몰에 가서 기분이 좋
      아질 때까지 사고 싶은
      것을 사면서 돈을 써야겠
      어.
   B. 방에 가서 문 잠그고 밤
      새 공부해야지.
   C. 집에 가서 30분 정도 공
      부하다가 친구들과 밀크
      셰이크라도 마시러 가야
      지.

다음 페이지에 계속될 거야 →

은행에 돈을 보관하고
싶으면 은행 직원들 중
너의 사업과 관련된
사람들을 조금 알아 둘
필요가 있어. 은행에서
일하는 사람들이야 무척
많지만 출납계원,
회계원, 은행 지점장
3명만 알아 두어도
충분해. 출납계원은
창구에서 돈을 꺼내고
넣는 것을 도와 주는
사람이야. 회계원은
보통 은행 중간의 유리
칸막이가 되어 있는
자그마한 창구에서
고객이 인출하려는 돈을
직접 꺼내 주거나
예금하려는 돈을 받아서
금고에 넣어 주는 일을

4. 갑자기 10억 원이 생겼다면?

A. 가족과 친구들과 함께 행운을 축하하는 파티를 여는 데 조금 쓰고, 나머지 돈을 불릴 방법을 연구해야지.

B. 다시는 일하거나 저축하는 걱정을 하지 않을 거야. 그냥 돈을 쓰기만 하면 되는 거잖아!

C. 돈을 다 모아 두어야지. 세상에서 제일 돈이 많은 아이가 될 거야!

5. 가족과 친구들에게 선물을 사주고 싶다면?

A. 세일할 때 선물을 미리미리 사 놓고, 사는 김에 나도 책갈피나 애완견 사료 같이 필요한 것들을 사야지.

B. 선물 같은 것은 안 줘. 너무 비싸고 나는 아직 어리잖아. 아무도 내게 선물을 기대하지는 않을 거야. 안 그래?

C. 모든 선물을 한꺼번에 사서 가진 돈을 거의 다 써버릴 거야.

하는 사람이고. 은행 지점장은 은행에서 일하는 모든 사람들에 대해 책임을 지고 고객들이 알맞은 대우를 받는지 확인하는 사람이란다. 지점장과 약속을 잡고 직접 이야기를 나눌 수 있는지 여쭈어 보렴. 왜 그래야 하냐고? 은행의 다른 서비스들을 사용하고 싶을 때는 지점장과 상담하는 것이 가장 확실하고 편리하거든.

≥ 저축예금계좌

단순한 저축예금계좌에는

은행통장과 명세서의 두 가지 종류가 있어. 통장을 달라고 하면 아마 계좌에서 돈을 인출하거나 예금한 사항들을 기록하는 작은 책자를 받을 거야. 은행에 갈 때 통장을 들고 가면 금전 출납계원이 그날 한 거래들을 통장기록에 자동으로 추가해 주지. 네 통장에는 네가 한 모든 은행거래의 날짜와 이자 등이 표시되어 있어. 명세서에는 은행거래나 이자 등의 기록이 인쇄되어 있는데, 매달 말이나 매 분기(3달) 말에 한 번씩 우편으로 발송돼.

은행에서 돈을 예금할 때는 예금전표를 작성해서 현금과 함께 출납계원에게 주면 돼. 이 용지는 주로 네가 줄을 서는 곳 옆의 작은 탁자 위에 있을 거야.  여기에 날짜와 예금하려는 금액을 쓰면 돼. 인출하고 싶은 액수를 쓰는 칸도 따로 있어. 모든 항목을 다 기입했다면 서명을 하고 출납계원에게 주면 돼. 출납계원은 계산이 틀린 곳이나 실수가 없나 확인한 후, 요구한 돈을 꺼내 주고 계좌잔고를 갱신해 주지. 가끔은 그냥 인출만 하러 은행에 가는 일도 있겠지? 그럴 때는 필요한 액수를 인출용지에 기입해서 내면

된단다.

줄을 서서 기다릴 필요 없이 ATM(현금 자동
입금/지급기)을 사용해서 돈을 예금하거나 출금할 수도 있어.
카드 넣는 곳에 은행카드를 넣고 화면에 나오는 지시대로
따르기만 하면 돼. 하지만 네가 돈을 꺼내거나 넣으려는 은행의
ATM이 아니라면 따로 ATM 이용수수료를 내야 해!

다른 예금계좌들

사업이 번창해서 더 큰 액수의 돈을 다루기 시작했다면, 그
돈을 넣어 둘 수 있는 다른 예금계좌 종류들도 있어. 금전출납
계원이나 은행지점장이 알맞은 계좌종류를 선택할 수 있도록
도와 줄 거야.

이자를 더 받고 싶으면 양도성 정기예금이나 정기예금으로
보관하는 방법이 있어. 이건 뭐냐고? 자, 설명해 줄게. 이런
종류의 예금을 신청하면 원금에 몇 퍼센트를 더해서 돌려줄지에
대해 적힌 문서를 받는데, 이때의 금액은 보통 저축예금 계좌에
돈을 넣어 놓았을 때 받는 이자보다 한두 배 정도 클 거야.
하지만 이 거래를 하려면 몇 가지 규칙을 지켜야 해. 일반적으로
최소 10만원 정도를 예금해야 하고, 정해진 기간 동안은 예금한
돈을 인출할 수 없어. 그 기간은 계약에 따라 6개월이 될 수도

있고, 1년이 될 수도 있고, 18개월이나 3년이 될 수도 있어. 물론 기간을 길게 정할수록 네가 받는 이자율은 훨씬 더 높아지지. 하지만 계좌에 돈을 보관하기로 약속한 기간이 지나기 전에 돈을 인출하려면 위약금을 내야 한단다.

이자

자, 네 돈에 대한 이자는 잘 받고 있니? 그런데 은행은 왜 예금계좌에 이자를 주는 걸까? 기본적으로 은행은 네 돈을 쓰는 대가로 이자를 지불하는 거야. 은행도 사업체이고, 다른 기업에 돈을 빌려주는 것이 은행의 사업 중 하나지. 은행은 사업자금이 필요한

■ ■ ■
인터넷
속으로

www.saveforamerica.org

제목 그대로야. 좋은 저축을 위한 멋진 조언들을 한번 살펴보렴. 게다가 접속하는 사람들 중 몇 명은 온라인으로 은행계좌를 만들고 사용해 볼 수 있을 거야!

www.practical moneyskills.com

이 사이트는 VISA가 후원하긴 하지만, 예산을 짜는 방법이나 저축, 투자에 관해 배울 수 있는 재미있는 게임이나 자료, 활동들로 꽉 차있단다!

사업가들처럼 큰 액수의 돈이 필요한 고객뿐 아니라, 집이나 차, 또는 다른 개인적인 물건들을 구입하는 사람들에게 돈을 빌려줘. 그리고 그 사람들에게 이자를 받지. 예를 들어, 너의 부모님께서 새 승용차를 사기 위해 500만원을 빌리셨다고 하자. 부모님께서는 은행에 500만원과 그에 따른 이자까지 빚지신 거야. 이자를 6% 정도라고 하면, 결국 500만원의 6%인 30만원을 더해 총 530만원을 빌리신 거지. 은행들이 이 고객들에게 받는 이자는 은행에 돈을 예금한 사람들에게 주는 이자보다 높아. 따라서 은행은 그 차액으로 돈을 벌면서 사업을 유지할 수 있단다!

이자를 계산하는 데에는 단리와 복리의 두 가지 방법이 있어. 단리는 네가 넣은 원금에서만 이자를 계산하는 방법이야. 만일 200만원을 예금계좌에 가지고 있고 이자가 3%라고 하면, 너는 이자로 6만원을 받겠지. 그렇다면 다음에 이자를 받을 때는? 또 6만원을 받는 거야. 하지만 복리로 계산하면 조금 달라. 다음 이자는 원금에 한 번 이자를 받은 액수인 206만원의 3%, 즉 61,800원이 된단다. 처음에는 단리와 복리의 액수에 그다지 큰 차이가 없어 보이지만, 복리는 시간이 지나면서 돈을 더 예금하지 않더라도 이자 때문에 원금이 점점 불어나기 때문에 결국 장기적으로 훨씬 많은 돈을 받게 돼. 네 이자에 대해 괜히 걱정할 필요는 없어. 이미 모든 은행들이 예금계좌의 이자를 분기별(3달)로 복리를 이용해서 계산하니까. 저축채권(정부에게 돈을 빌려주었을 때 정부로부터 받는 증명서야)은 가끔 단리로 계산하는 경우가 있어.

≩ 수표와 직불카드

보통 아이들은 대학을 가거나 안정된 직장을 갖게 될 때까지 당좌예금계좌를 만들지 않아. 당좌예금계좌는 수표를 쓰는 것만으로 너의 계좌에서 돈을 꺼낼 수 있게 해주는 거야. 생각해 보렴. 솔직히 지금까지 너는 무척 큰 액수의 현금이 급하게 필요했던 일이 없잖아? 기껏해야 직불카드를 쓰는 정도였을 걸. 직불카드는 신용카드와 비슷하게 생겼는데, 저축예금계좌에서 현금을 꺼낼 수 있게 해주는 플라스틱판이야. 일반적으로 ATM에 사용할 수 있고, 어떤 상점에서는 직불카드로 돈을 지불하는 것이 가능하기도 해. 하지만 직불카드로 계좌에서 꺼낼 수 있는 금액에는 한계가 있어. 물론 너에게는 좋은 점이란다! 현금을 내지 않으면 별 생각 없이 과소비를 하는 경향을 방지할 수 있거든.

📔 깜짝퀴즈 결과

너는 돈을 어떻게 사용하니?

1. A=0, B=1, C=2
2. A=0, B=2, C=1
3. A=0, B=1, C=2
4. A=2, B=0, C=1
5. A=2, B=1, C=0

0~3점이라면:

우와, 너는 돈을 왕창 쓰는구나! 굳이 좋은 점을 찾자면, 아마도 너는 지금까지 가지고 싶은 것들은 모두 다 가졌겠네. 하지만 곧 파산하겠지. 돈을 쓰는 것이 나쁜 것은 아니야. 하지만 콘서트나 놀이동산에 가는 것처럼 장기적인 계획을 위해 돈을 저축할 줄도 알아야지. 그런 계획들은 네가 매주 갖고 싶어서 사는 물건들보다 더 비쌀 거야. 그리고 꼭 그런 이유가 아니더라도, 돈을 불리기 위해서 저축을 하는 것도 나쁜 생각은 아니라고!

너는 돈의 가치를 이해하고 있구나. 돈을 벌기 위해 열심히 일하고, 그다지 쓰고 싶어 하지는 않는 것 같아. 하지만 조금도 즐길 수 없다면 돈이 무슨 소용이야? 가끔은 열심히 일한 너 자신에게 상을 주는 것도 괜찮아. 번 돈을 다른 사람하고도 좀 나누고. 아무도 너에게 생일이나 크리스마스 선물로 비싼 물건을 바라지는 않을 거야. 하지만 네가 돈을 조금 사용해서 작은 선물이라도 사고 축하카드를 쓴다면, 아마 받는 사람은 네가 자신을 중요한 날에 더욱 특별하게 만들어 주었다는 느낌이 들어서 기뻐할 걸?

대단하다! 너는 돈을 잘 사용하면서 저축하는 것과 지출하는 것의 균형도 맞추고 있어. 기분이 나쁘다고 해서 분풀이로 돈을 쓰는 일도 없고(이런 것을 감정적 지출이라고 해), 물건을 저렴하게 파는 가게를 찾아볼 줄도 알고 말이야. 혹시 돈을 사용하는 것에 대해 도움이 필요한 친구가 없는지 주위를 한 번 살펴봐. 네가 알고 있는 현명한 저축과 지출에 대한 노하우를 좀 가르쳐 줄 수 있을 거야.

열한 번째 ★ 수업

지출:
짜잔!
이젠 내 꺼야!

너는

100원짜리 하나라도 쓰기 전에, 일단 그것이 필요한 것인지 그냥
갖고 싶은 것인지를 구분하는 법을 알아야 해. 그것이 기본이야.
하지만 넌 자주 이 둘을 혼동하고 있단다. 넌 네 부모님께
옷장에 옷이 가득한데도 불구하고 새 청바지가 **필요하다**고 말해
본 적 없니? 그건 사실 네가 새 청바지를 정말 사고 싶어 한다는
뜻이지. 너는 부모님께서 '필요하다'고 하는 단어가 주는
간절함을 느끼시기를 원하는 거야. 너 혼자 쇼핑을 갔을 때도
이것과 똑 같은 일이 벌어져. 네 머릿속에 있는 작은 목소리가

사고 싶다기보다 필요하다는 식으로 말하기 시작하면, 너는 정말 필요하지도 않은 많은 물건들을 사 버리고 말지.

물론 어떤 물건을 사느냐 안 사느냐로 네 목숨이 좌우되지 않는다는 사실을 알고 있다면, 가끔씩 네가 원하는 것을 사는 것도 좋긴 해. 네가 어떤 물건을 사고 싶긴 하지만 그것이 없어도 괜찮다는 것을 안다면, 넌 가격을 따져보게 될 거야. 만일 너무 비싸다면 지금은 그걸 사기에 적당한 시기가 아니라는 거지. 넌 세일할 때까지 기다리거나 좀더 싼 가격의 물건을 찾기 위해 가게를 더 돌아다녀 볼 수도 있어. 네가 원하는 만큼 가격이 내릴 때까지 구입과 그에 따른 만족감을 조금 미루는 것은 과소비를 방지해 줘. 어쩌면 넌 아예 그 물건을 사는 것 자체를 다시 고려할 수도 있겠지.

과소비와 사고 싶은 것이나 필요한 것을 혼동하는 것은 네가 개인적인 물건을 살 때만 일어나는 일은 아니야. 만일 네가 작은 사업을 운영한다면, 넌 사업에 도움이 될 것 같은 많은 기계들을 구입하고 싶은 충동을 느낄 거야. 정교한 계산기, 멋진 펜, 가죽 제본된 메모책─ 이런 것들은 네가 멋있어 보이는 데에는 큰 도움을 주는 게 사실이야. 하지만 성공적으로 사업을 운영하는 데에 필수적인 것은 아니지. 오히려 네 수익의 큰 부분을 소비해 버릴 수도 있어. 멋있게 보이다가 파산하는 것보다는,

검소하지만 성공하는 것이 더 낫잖아. 대부분의 성공적인 사업가들은 돈을 많이 쓰지 않는다는 걸 명심하렴. 그들은 사실 오히려 검소한 축에 속하지. 증명해 볼까? 7백만 명이 넘는 세계의 백만장자들 중에서, 80퍼센트 이상의 사람들이 중고차를 타고 다닌단다!

쇼핑 자제하기

목표를 설정하는 것은 소비를 관리하는 확실한 방법이야. 너의 쇼핑과 구매결정을 관리하기 위해서는 단기목표와 장기목표를 둘 다 세우는 게 좋아. 너의 단기목표가 CD를 살 돈을 벌기 위해 너만의 사업을 시작하는 거라고 해 보자. 네가 원하는 CD를 살 돈을 확실히 벌기 위해서는, 매일 군것질거리나 자질구레한 장난감 구매 등에 몇 백원씩 쓰는 것을 멈춰야 해. 아주 적고 사소한 양의 돈을 쓰는 것 같지만, 그건 사실 네가 정말 가지고 싶어 하는 CD 두 장을 사기 위해 필요한 돈에서 조금씩 새나가고 있는 거야.

장기목표는 보통 더 큰 돈을 필요로 하기 때문에, 네가 더욱

검소한 생활을 할 수 있도록 도와 줘. 네가 내년에 유럽으로 학교 밴드여행을 가기 위해 돈을 모은다고 하자. 한 달에 몇 천원씩 저축하는 건 유럽까지 가는 데 도움을 줄 수 없어. 그렇기에 너는 원하는 것을 하기 위해 진지하게 소비를 줄이고 현명한 구매를 해야만 할 거야.

현명하게 소비하려면 네 가지 방법을 알아 둬야 해. 처음 두 가지는 간단해. 첫째, 여러 가지의 물건을 살 때에는 항상 쇼핑목록을 작성해라. 사야 할 것을 분명히 정해 두는 건, 단지 필요할 것 같다는 이유만으로 이것저것을 집어드는 상황을 방지할 수 있어. 둘째, 충동구매는 무슨 일이 있어도 피해야만 해! 크리스마스이브에 쇼핑하러 갔다는 이유만으로 자질구레한 선물들을 사는 데 돈을 써버린 적이 얼마나 많니?

다음 사항들은 좀더 많은 시간과 계획을 필요로 하는 것들이야. 최선의 거래를 하기 위해서는 두 가지 일을 해야만 해. 우선, 항상 다른 가게와 가격을 비교할 것. 만일 너의 출판사업을 위해 새 스캐너가 필요하다면, 사기 전에 주요한 사무용품 가게들을 다 체크하고, 혹시 세일을 하려고 하는 가게는 없는지 찾아 봐. 아주 급한 일이 아니라면 며칠을 기다리는 게 더 나을지도 모르거든. 게다가 항상 신제품을 살 필요는 없어. 지역신문에서 네가 쓸 수 있을 만한 중고 스캐너가 있는지 찾아보렴. 친구들에게 혹시 사용하지 않는 스캐너가 있어서 팔려고 하는 사람은 없는지 물어 보고.

또다른 방법은 네가 사려고 하는 물건의 가치를 계산하는 법을 배우는 거야. 대량으로 구입하는 것이 항상 더 싼 것은 아니야. 그리고 싼 가격만이 최선의 거래는 아니야. 네가 구입하려는 물품의 가격을 한 개 단위로 계산해 보렴. 그게 무슨 뜻이냐고? 만일 네가 프린터 용지를 사려고 하는데 하나는 10,000원이고 다른 하나는 12,000원이라면, 무조건 10,000원짜리를 사지는 말라는 거야. 비록 두 개가 같은 크기로 보일지라도 싼 것에는 사실 종이가 약간 더 적게 들어가 있을 수도 있어. 각각의 묶음에 들어 있는 장수를 꼼꼼하게 살피란 말이지. 가격을 전체 장수로 나누면 한 장 당 가격이 나올 거야. 다행히도, 요즘은 많은 가게들이 너를 위해 이것을 계산해서 선반의 가격표에 조그맣게 붙여 놓으니까 계산기를 들고 쇼핑할 필요는 없어.

신용카드에 대해서 한 마디

아마도 너는 신용카드를 긁어서 지불하기에는 어릴 수도 있겠지만, 일찍부터 신용카드의 원리를 알아 두는 건 나쁘지 않아. 신용카드 회사들은 네가 그 돈을 갚겠다는 약속을 하는 대신 물건을 사는 데 드는 비용을 지불하는 거야. 그들은 매달 네가 산 물건들과 그것들을 산 날짜, 네가 쓴 비용, 그리고 언제까지 그 돈을 갚아야 하는지가 적혀 있는 청구서를 보내지. 만일 네가 매달 그 돈을 갚지 않는다면 이자를 부담하게 되고, 돈을 더 늦게 갚는다면 수수료까지 내야 해. 비자, 마스터카드, 디스커버, 아메리칸 익스프레스와 같은 주요한 신용카드 회사들은 그 카드를 사용할 수 있는 모든 가게에서 물건이나 서비스를 구입할 수 있도록 해 준단다.

현금과 마찬가지로, 신용카드 또한 주의를 기울여서 관리해야 해. 굉장히 비싼 물건을 살 때는, 많은 현금을 가지고 돌아다니는 것보다는 신용카드를 사용하는 것이 더 안전해. 그리고 현금이 없는 긴급상황에서 유용하게 쓰이기도 하지. 예를 들어 네가 나이가 좀더 들어 운전을 할 수 있게 된다면, 기름이 다 떨어진다거나 차가 갑자기 고장이 나서 견인비용을 지불해야 하는 상황에 대비해서 신용카드를 가지고 다녀야 할 거야.

하지만 신용카드를

사용하면 그만큼 빚을 지기도 쉽다는 것을 명심해야 해. 갖고 있는 현금보다 많은 액수를 신용카드로 쓸 수도 있기 때문에 곤란한 상황이 발생할 수도 있어. 어쨌든, 지금의 좋은 소비습관이 나중에 네가 책임감 있게 신용카드를 사용할 수 있도록 도와 줄 거야.

로마시대에는 군인들이 소금으로 급료를 받곤 했어. 그래서 흔히 월급쟁이를 이야기할 때 쓰는 '샐러리 맨'의 '샐러리'는 소금에 해당하는 라틴어 salarium에서 유래했대.

열두 번째 ★ 수업

투자 : 주식시장

만일

네가 대학진학 같은 장기목표를 달성하기 위해 돈을 모으려고
한다면 주식시장에 투자하는 방법을 고려해 보렴. 투자를
시작하기 전에, 일단 주식시장이 무엇이고 그것이 어떻게
돌아가는지 알아 보자. 투자에 대해서 배우면, 네가 도박을
즐기는 성향인지 아닌지 알게 될 거야. 주식시장은 큰 액수의
돈을 벌기에 멋진 장소이긴 하지만, 그 반대로 알거지가 될 수도
있는 위험도 있는 곳이야. 하지만 만일 네가 많은 조사를 하고
내가 가르쳐 주는 것을 배우면서 끈기를 기르면, 장기적으로는
합리적인 수익을 볼 수 있으니까 걱정하지는 마.

주식시장에서 무엇을 판매하는지 알아 보는 것으로
시작하자. 물론 주식이지. 주식은 사업의 지분이야. 네가

지분을 산다는 것은 그 기업의 일부분을 산다는 것을 의미해. 그 기업의 주식을 구매한 다른 많은 사람들과 함께 너는 주주가 되는 거야. 너는 그 기업이 무슨 사업에 참여하고 있고 얼마나 많은 돈을 소비하고 있으며 얼마나 많은 돈을 버는지, 그리고 나중에 그 돈으로 무엇을 하려고 하는지 알 권리가 있어. 어떤 기업들은 이윤이 생기게 되면 그 일부분을 주주들에게 주기도 해. 이런 지불을 배당금이라고 하지. 물론 이런 정보들을 읽고 이해하는 건 너의 몫이야. 기업들은 주주들에게 매 분기의 수입, 판매량, 지출, 이윤이 적혀 있는 연차보고서를 발송해. 이 보고서는 이해하기가 어려우니까 주위의 어른들에게 가장 중요한 부분을 이해할 수 있도록 도움을 청하렴. 그리고 무슨 일이 일어나고 있는지 알기 위해서 연차보고서가 오기만을 기다릴 필요는 없어. 신문의 경제면을 정기적으로 읽고, 인터넷 신문의 재무부분에서 그 기업에 대한 최신 기사를 확인해 보면 돼.

그럼 이 주식들은 어떻게 만들어지는 걸까? 기업이 사업을 확장하기 위해 돈이 필요할 때 일반인들에게 주식을 발행하는 거야. 일반인들에게 발행한다는 것은 그 기업이 일정한 금액에 일정한 양의 지분을 투자은행에 판다는 것을 의미해. 기업의 첫 주식 판매를 주식공개상장 또는 기업공개라고 불러. 투자은행이나 주식중개인은 주식을 모두 사들인 후에 그것을 일반인들에게 판매하기 시작하는 거야. 지분의 거래가 바로 투자은행이나 주식중개인의 사업이야. 투자은행은 네가 너의 지분을 사거나 팔 때 그 거래에서 이윤을 얻는단다.

주식은 거래소에서 매매되는 거야. 북아메리카에 있는 주요한

깜짝 퀴즈

넌 현명한 투자자일까?

네 돈을 불릴 수 있는 한 가지 방법은 투자를 하는 거야. 너는 네가 주식을 구입한 돈이 어디로 가는지 알고 있니? 투자의 위험부담이 얼마나 되는지는 알아? 퀴즈를 풀어 보고 너의 지식을 알아 보렴.

이 수업의 마지막 부분에서 결과를 확인해 봐.

1. 어떤 기업의 주식을 산다면?
   A. 그 기업에 너의 돈을 빌려 주는 거야
   B. 그 기업의 비용을 대신 부담해 주는 거야
   C. 그 기업의 일부를 소유하는 거야

다음 페이지에 계속될 거야 →

거래소로는
뉴욕증권거래소,
아메리카증권거래소,
토론토증권거래소,
몬트리올증권거래소 등이
있어. 나스닥에서는
거래소에 상장되지 않은
주식들을 팔아. 이뿐만
아니라, 한국증권거래소,
독일증권거래소,
도쿄증권거래소,
런던증권거래소와 같은
다른 거래소들도 전
세계에 걸쳐 많이 있단다.
   투자할 만한 기업을
찾는 가장 좋은 방법은
네가 무엇을 알고
좋아하는지를 생각해 보는
거야. 네가 평소에 관심을
가지고 있던 물품을

2. 새로 상장된 기업의
   주식을 산다면?
   A. 그들은 새로운 제품
      들을 팔기 때문에 분
      명히 돈을 벌 거야
   B. 네가 투자한 돈을 다
      잃을 수도 있어
   C. 네가 투자한 돈의 반
      만 잃을 거야

3. 철수는 돈을 잃을 위
   험부담을 줄이기 위
   해 다양한 주식, 채
   권, 유가증권 등을
   소유하고 있어. 이
   런 전략을 뭐라고
   할까?
   A. 저축
   B. 다양화
   C. 소비

다음 페이지에 계속될 거야 →

4. 영희는 저축에서 어느 정도의 돈을 빼서 유가증권에 투자하고 싶어 해. 이건 좋은 생각이야. 왜냐하면.

A. 유가증권은 저축예금 계좌보다 항상 더 많은 돈을 벌기 때문이야

B. 유가증권은 투자를 결정하는 데 있어 전문가들이 관리하기 때문이야

C. 유가증권은 위험부담이 없기 때문이야

5. 지난 몇십 년 동안 투자자들이 가장 많은 돈을 벌었던 투자의 종류는 무엇일까?

A. 주식

B. 저축예금계좌

C. 침대매트리스 밑에 돈을 넣어 두는 것

생산하는 기업에 투자하면, 네가 그 기업이 어떻게 사업을 운영하고 장기적으로 얼마나 성장할 가능성이 있는지 쉽게 이해할 수 있을 테니까. 관심을 가지면 그 기업에 대한 정보를 조사하게 되고, 따라서 어디에 네 돈을 투자할지 결정할 수 있게 되는 거야. 투자할 만한 좋은 기업을 찾는 또다른 방법으로는 재정상담가에게 문의하거나 네 부모님에게 그들이 알고 있는 몇 가지의 괜찮은 기업들 중에서 고르는 것을 도와 달라고 부탁하는 거야. 처음으로 투자하는

사람으로서, 너는 조사나 전문가와의 대화를 통해 할 수 있는 한 가장 많은 정보를 모아야 해. 그래야만 네가 어렵게 번 돈으로 최선의 결정을 내릴 수 있지.

좋아, 이제 실제 사례를 통해 알아보자. 네가 스파이더맨의 팬이라고 해 봐. 너는 약간의 조사를 통해 스파이더맨에 대한 만화, 영화, 상품들을 소유하고 있는 기업이 마블 엔터프라이즈(Marvel Enterprises)라는 것을 알아 낼 수 있을 거야. 마블은 공개적으로 거래되는 기업이야. 만일 요즘 거래되는 주식 한 주를 사고 싶다면, 너는 약 23,000원($25)에다가 중개소에 거래 수수료 약 500원까지 내야 해. 네가 온라인상으로 거래한다면 수수료가 더 싸져.

이제 너는 마블의 주식 한 주를 소유하고 있어. 만일 네가 가격이 올라갈 때까지 그 주식을 가지고 있다면, 그것을 팔 때는 이윤을 얻을 거야. 하지만 네가 그 주식을 산 것보다 더 낮은 가격에서 그것을 판다면 돈을 잃게 되지. 주식가격에 보증 같은 것은 없어. 주식가격에 영향을 주는 것들은 많은데, 전반적인 경기와 그 기업의 실적이 가장 중요한 요소야. 수요와 공급도 영향을 미치지. 만일 팔려는 사람보다 사려고 하는 사람이 더 많다면 주식가격은 올라가게 돼. 경기가 나쁜 상황에서 기업이 끔찍한 실적을 낸다면 사려고 하는 사람보다 팔려는 사람이 더 많아질 테고, 가격은 내려가겠지.

주식시장에서 거래하는 가장 좋은 방법은 가상의 돈을 가지고 시작해 보는 거야. 네가 100만원 정도의 투자할 돈을 가지고 있다고 하자. 컴퓨터 게임이나 CD, 영화처럼 네가 좋아하는 것들을 생각해 보렴. 그것을 만드는 기업이 공개적으로 거래되고 있니? 플레이스테이션 게임콘솔을 만드는 기업을 생각해 보자. 공개적으로 거래되는 기업인 소니(Sony)가 그것을 만들고 있지. 유명한 경제매거진을 찾아 봐. 신문의 경제부분도 괜찮아. 깨알같은 숫자들과 글자들로 가득 채워진 페이지와 맞닥뜨려도 놀라지 마. 네가 올바른 부분을 찾은 거니까. 네가 보고 있는 것은 기업이름들과 그들의 실적에 대한 수많은 자료들이야. 어떤 신문은 주식코드까지 포함하고 있어. 예를 들어, 마블의 주식코드는 MVL이고 소니의 주식코드는 SNE야. 소니를 NYSE 난에서 찾아 보렴. 주식들은 알파벳 순서로 나열되어 있어.

이제 네가 어떤 특정한 기업에 대해서 모을 수 있는 정보들을 알아 보자. 이익 배당이란 이자와 같이 네가 기업에 투자하거나 빌려 준 비율인데, 네가 이 주식에 투자한 데에서 얻기를 기대할 수 있는 현금을 말하지. PER은 주가수익비율이야. 이것은 현재의 한 주 가격과 그 기업의 한 주당 연간수익을 비교하는

거야. 만일 네가 현재의 한 주 가격을 한 주당 수익으로
나눈다면 주가수익비율을 얻게 되는 거지. 평균 주가수익비율은
15 정도야. 거래량은 그 주식이 그날 얼마나 많이
거래되었는지를 나타내고, 최고가는 그날 거래된 가장 높은
가격을, 그리고 최저가는 가장 낮은 가격을 의미하지. 종가는
그날의 마지막 거래가격을, 전일대비는 그날의 마지막
거래가격과 그 전날의 마지막 거래가격의 차를 나타내는 거야.
만일 가격이 내려갔다면 숫자 뒤에 ▼ 부호가 적혀 있을 거야.
가격이 올라갔다면 △ 기호가 적혀 있을 테고.

그럼 본격적으로 네가 가진 100만원으로 소니의 지분을
얼마나 살 수 있나 보자. 몇 달 동안은 네가 돈을 벌고 있는지
아니면 잃고 있는지 매일 확인해야 해. 넌 여러 개의 기업에서
주식을 살 수도 있어. 사실 많은 투자자들이 자신의 투자를
다양화하기 위해 그렇게 하지. 그것은 '한 바구니에 모든 달걀을
담지 마라'는 말과 일맥상통하는 거야. 만약 그 바구니를
떨어뜨린다면 달걀
모두가 깨져
버리니까 말이야.
너의 증권명세표에는
주식, 채권, 그리고

그 외의 많은 유가증권들이 포함될 수 있어. 한 가지 이상의 주식을 가진다는 것은 너의 미래가 한 기업의 성공에만 전적으로 의존하지 않는다는 거지. 만일 하나의 주식은 형편없을지라도 나머지 두 개가 성공적이라면 돈을 벌고 있는 거니까.

개인기업들이 내놓은 주식들 외에도 네가 살 수 있는 지분들이 있어. 투자신탁이 하나의 예가 되겠지. 투자신탁은 투자자 여러 명이 주식이나 채권, 그리고 다른 유가증권들을 사기 위해 돈을 모으는 것을 말해. 이런 형식의 투자는 네가 개인적으로 주식을 관리할 시간이 없을 때에 적격이야. 이를 관리하는 사람을 펀드매니저라고 불러. 펀드매니저는 자금을 투자할 적당한 기업의 주식을 찾기 위해 지식과 경험을 동원하고 조사하지. 너는, 내가 말했던 것처럼, 신문이나 재정투자 전문 주간지나 월간지 등의 특별한 간행물에서 정보를 찾을 수도 있어.

이런 주식시장에 대한 정보에 겁먹거나 기죽을 필요는 없어. 한 번에 하나의 기업만을 분석하렴. 네가 가장 흥미 있는 것에서부터 시작하는 거야. 이런 주식시장에 대한 지식들을 배우는 목적은, 너의 돈을 은행계좌에 두는 것보다 더 빨리 불어나게 할 뿐만 아니라 네가 앞으로 맞닥뜨릴 비즈니스 세계에 대한 통찰력을 기르기 위해서이기도 해. 시간이 지나면 너의 창업정신을 가로막을 것은 아무것도 없을 거야!

🎙️ 깜짝퀴즈 결과

1. C / 2. B / 3. B / 4. B / 5. A

5점이라면 :

워렌 버핏(Warren Buffett)씨, 주의하세요! 너야말로 진짜 천재적인 투자자야. 흠, 그냥 네가 투자에 대해 다섯 가지 정도 알고 있다고 하자. 너는 기본적인 사항들을 익혔고 이제 좀더 복잡한 투자 아이디어로 넘어갈 수 있어. 지금쯤 부모님이나 재무설계사에게 현재는 잘 모르더라도 알게 되면 어떤 종류의 투자에 네가 흥미를 가질 수 있을지 여쭈어 보는 게 좋을 거야.

3-4점이라면 :

전혀 나쁘지 않아. 너는 정보에 밝은 투자자가 되어가는 중이야. 만일 돈을 투자하는 데 있어 정확하게 무슨 의미인지 알 수 없는 것이 있다면, 돈을 날리기 전에 항상 자료를 읽어 보고 믿을 수 있는 어른과 이야기해야 해.

3점 이하라면 :

조금 더 노력해야겠구나. 그러면 넌 더 많은 돈을 벌 수 있을 거야! 더 현명한 투자자가 되기 위해서는 이번 수업을 다시 한 번 읽어 보는 게 어때? 매일 신문의 경제부분을 읽으면서 네가 관심 있는 한두 개의 주식을 체크하는 것이 도움이 될 거야. 그리고 어린이들을 위한 재정 웹사이트들에 들어가서 더 많은 정보를 찾아 보렴.

열세 번째 ★ 수업

자선과 봉사

남에게

베풀고 도와 주는 것은 그 자체로 보답이 될 수 있어. 다른 사람들을 돕기 위해 돈을 주어야만 하는 것은 아니야. 너의 시간이 훨씬 더 가치 있을 수도 있어. 네 시간을 베푸는 관대함에 대한 보답으로 새로운 아이디어를 가진 다양한 사람들을 만날 수도 있을 거야. 미래의 고용자들은, 신념을 위해서라면 네가 노력할 것임을 알게 될거야. 너에게 돈이 중요하지만 그것이 네 사업의 유일한 동기는 아니라는 것을 알려주는 거야. 네겐 열심히 일함으로써 추구하는 이상이 있고 그 이상을 위해서는 네가

속한 공동체의 결속력이 중요해. 너는 최선을 다해 공동체의 성장에 기여해야 해.

네가 돈을 기부하든 시간을 쓰든, 다른 사람을 도울 수 있는 방법은 많아. 너의 사업에서 얻는 이윤의 10퍼센트를 남겨 두는 것도 하나의 방법이 될 수 있지. 관심 있는 자선단체 한 곳을 정하고 일 년에 한두 번 기부를 하렴. 네가 돈을 보내 주고 싶은 단체를 찾아 봐. 그리 좋은 일은 아니지만, 너의 돈을 얻기 위해 눈에 불을 켜고 달려들 단체들은

이건 실화야!
환상적인 기금조달자

애니 타차(Annie Tacha), 10살, 네브라스카 주에 거주.

애니는 작년에 그녀의 애완동물에 대한 사랑을 다른 방향으로 발전시켰어. 그녀는 지역에 있는 개를 이용한 보안관 수사대를 위한 돈을 모으기 위해 여름에 장기적인 캠페인을 펼쳤지. 목표는 경찰견과 방탄조끼를 사는 데 필요한 600만원($6,000)을 모으는 거였어. 전략이 뭐였냐고? 셰틀랜드(Shetland)종 양치기 개를 가지고 있던 애니는 돈을 벌기 위해 빵판매 행사, 세차 행사, 중고물품 판매, 말쇼, 그리고 강아지 산책시키기 등의 일들을 계획했단다.

다음 페이지에 계속될 거야 →

애니가 보안관 수사대를 돕기 위해 돈을 벌고 있다는 사실이 지역신문을 통해 알려지자, 미국 전역에서 기부금이 들어오기 시작했어. 보안관 총대리인Chris Rea는 애니의 도움이 정말 적절한 시기에 제공되었다고 했지. 얼마 전에 두 마리의 경찰견 중 하나를 은퇴시켰었거든. 그리고 남아있는 Brix라는 8살짜리 독일산 양치기 개도 얼마 후에 암 판정을 받았단다. "우리는 예산이 별로 없었기 때문에 개를 두 마리나 살 필요는 없다고 생각했었어요." Rea가 한 말이야. "그녀는 보안관뿐만 아니라 이 카운티 전체의 주민들을 도운 겁니다."

다음 페이지에 계속될 거야 →

줄을 서 있단다.
부모님께 네가 도와 줄 만한 단체가 있는지 여쭈어 보거나 웹사이트를 방문해 보는 건 어때? 그 단체의 사무실에 직접 가 보거나 전화를 걸어 봐(전화가 끊겨 있다는 건 그 기업이 허위일 수도 있다는 의미야). 기부를 해 봤거나 자원봉사를 한 경험이 있는 사람들에게 조언을 구할 수도 있지. 기부금이 어떻게 운영되는지도 알아봐. 도움을 받아야 하는 사람들이 아닌 그 단체의 관리부에 지불되는 돈이 얼마나 되는지도.

애니는 이번의 성공을 좀더 확장시키기로 했어. 그녀의 목표는 지역사회를 계속 돕는 거야. 애니는 다음과 같이 말했단다. "저는 매년 여름마다 지역사회의 다른 기관들을 돕고 싶어요. 다음에는 집이 없는 사람들을 위해 무언가를 하고 싶답니다." 이 겁없는 기금 조달자가 그녀의 약속을 지킬 거라는 데에는 의심의 여지가 없지.

어떤 경우에는 너의 시간이 돈보다 더욱 가치 있을 거야. 양로원에서 자원봉사할 생각을 해 본 적이 있니? 요즘의 많은 노인분들께서는 너와 함께 시간을 보내는 것도 좋아하시겠지만 먼 곳에 사는 손자손녀들에게 이메일로 연락할 수 있는 방법을 배우는 것에도 흥미를 가지실 거야. 네 주변에 있는 동물들이나 집이 없는 사람들을 도울 수도 있겠지. 너의 목적을 위한 돈을 모으기 위해 세차행사나 걷기행사 같은 것들을 계획해 보는 것도 좋아. 그런 행사를 통해 남을 도울 뿐만 아니라 너 자신의 조직적인 성향을 발전시킬 수도 있을 테니까. 게다가 네 사업의 잠재적인 고객이 될 수 있는 사람들을 만날 수도 있잖아?

자원봉사를 할 때 너의 사업을 알릴 기회를 가질 수도 있어.

어린 아이들을 위한 지역 축구클럽에서 자원봉사를 한다면, 네가 얼마 안 되는 돈을 벌기 위해서 아기를 돌보거나, 잔디를 깎거나 어떤 일을 하든 그들에게 알려 주렴. 만날 때마다 사업에 관한 이야기를 할 필요는 없지만, 단지 네가 무슨 일을 하고 있는지 말해 주는 것만으로도 그 아이들의 부모님은 너를 고용하는 것에 관심을 가질 거야.

당연한 말이지만 봉사활동이나 기부에 대해 다른 조건을 요구해서는 안 돼. 다른 사람을 돕는 것은 그 자체로도 보답을 받을 수 있는 것이고 너의 성격을 나타내는 거야. 인간관계에 대한 칼럼을 쓰는 앤 랜더스(Ann Landers)는 "인격을 평가하는 진정한 방법은 그에게 아무런 도움도 되지 못하는 사람을 어떻게 대하는지 살펴보는 것이다"라고 말했어. 너도 너의 시간과 돈을 기부하는 것이 너 자신을 행복하게 만들고 너의 행동에 대해 자부심을 가질 수 있게 해 준다는 것을 알게 될 거야!

수업을 마치면서 :

처음에 성공하지 못한다고 해서······

너는

이제 몇 시간, 어쩌면 며칠을 멋진 사업을 구상하는 데 보냈을 거야. 가게를 열고 손님들을 모으는 단계까지 갔을지도 모르겠네. 하지만 겉으로는 멋져 보이는 네 아이디어가 사실은 천재적인 일이 아니라 폭싹 망해버리는 실패작일 수도 있어. 너의 사업이 망해서 파산할지도 모르지. 하지만 그렇다고 해서 기업가로서의 너의 인생이 끝나버리는 걸까? 오직 단 한 번뿐인 기회를 날려버린 거니? 물론 그렇지 않아. 사실은 정반대야. 지금은 믿기지 않을 수도 있겠지만, 장기적으로 보면 지금의 실패가 너를 더 성공적인 기업가로 만들어 주는 좋은 기회가 된단다.

"저는 대부분의 성공적인 사람들은 한 번 이상 실패를 경험했지만 포기하지 않았고 그것이 그들이 결국 성공한 이유라는 것을 알아 냈습니다." 「어린 기업가들을 위한 비즈니스 수업(Business Lessons for Young Entrepreneurs)」의 저자인 마크 코르도스(Mark Csordos)의 말이야. 코르도소는 대학을 졸업하고 나서 뉴저지에 본점을 둔 C&S Mystery Shoppers Inc.라는 암행조사 사업을 시작했어(암행조사란 고용한 사람들을 고객인 척하게 하여 소비자 서비스에 대한 반응을 조사하는 거야. 백화점 체인이나 음식점, 은행과 같은 커다란 기업들은 그들이 제공하는 서비스의 질을 높이기 위해 익명의 구매자들을 파견하는 기업들에 의뢰하기도 해).

네가 전심을 다해 노력한 일이 실패했을 때는 실망하고 낙담할 수도 있지. 실패하는 건 전혀 즐겁지 않은 게 사실이잖아. 비참한 기분으로 마음을 추스르기 위해 얼마간의 시간이 필요할 수도 있어. 그땐 친구, 부모님, 사촌, 고모나 삼촌 등 네가 믿을 수 있는 사람에게 털어놓는 것도 도움이 될 거야. 네가 느끼고 있는 것을 표현해 봐. 넌 정말

열심히 노력했는데도 불구하고 제대로 되지 않는다는 거지? 친구와 가족이 그것을 마법처럼 해결해 줄 수는 없겠지만, 너의 감정을 이야기하고 그것을 평가하는 것이 아니라 단지 들어주는 사람이 있다는 것만으로도 힘든 시기를 이겨 내는 데 도움이 되거든. 아니면 일기에 쓰는 것도 한 방법이고.

시간이 지나면 모든 것을 좀더 큰 시각으로 바라볼 수 있게 될 거야. 성공할 확률을 높이기 위해서는 무엇을 어떤 방향으로 바꾸는 것이 좋은지를 아는 것이 중요해. 원래의 계획을 살펴보렴. 사명선언, 시장분석, 판매촉진, 그리고 경비지출. 어떤 부분에서 잘못된 것인지 알겠니? 아마 경비지출이 너무 많았던 탓일 수도 있겠지. 아니면 본격적으로 뛰어들기 전에 시장조사를 좀더 했어야 했을 수도 있고.

옛날의 계획을 분석한 후에는 새로운 전략을 세우기 위해 네가 배운 것을 활용해 봐. 조언 하나 해줄까? 만일 실패한 원인을 두 번째 시도에서 향상시킬 수 있다는 확신이 든다면 수단과 방법을 가리지 말고 다시 시도하렴. 하지만 저번 계획의 문제점을 찾아 내는 데 있어서는 공정하고 엄격해야 해. 괜히 고집을 부리지는 마. 지난 아이디어는 제쳐두고 새로운 것으로 다시 처음부터 시작하는 게 더 나을 수도 있어. 그리고 친구나 부모님이 너의 아이디어에 대해 생각해 볼 수 있는 시간을 가지는 것도 좋아. 그런 피드백이 너의 아이디어를 좀더 다듬고 성공할 가능성이 높도록 만드는 데 도움을 줄 수 있거든.

어느 정도의 새로운 전략들을 생각했다면 실행에 옮기기 위한 계획표를 세워 봐. 많은 사람들은 또 다시 실패하는 것이 두려워서 새로운 아이디어를 실행하는 것을 주저하지. 하지만 새로운 아이디어를 시도하는 것이 성공을 보장해 주지는 않을지라도 한 번 더 시도하는 위험을 감수하는 것은 자기존중과 자신감을 형성해 준단다. 만일 실패한 후에도 용기를 가지고 힘을 내서 다시 시도할 수 있다면, 너는 더욱 자신감을 가질 수 있을 테고 그 이후에도 새로운 것들을 배우는 데 더 개방적인 자세를 가지게 될 거야.

그리고 사업을 더 잘 이끌어 나가는 방법을 알아 가는 과정에서 너의 다른 재능들을 발견할 수 있을지도 모르는 거잖아. 예를 들어, 네가 쿠키를 전혀 맛있게 만들지 못하기 때문에 쿠키사업이 망했다고 하자. 하지만 너의 쿠키장식 실력은 최고야. 조리법이 잘못됐다고 여겨 새로운 방법을 시도했지만, 조금은 나아졌어도 쿠키가 여전히 맛이 없었다고 하자. 하지만 너의 장식에 대해서는 찬사가 쏟아진다면, 아마도 너의 예술적인 재능은 제과실력을 훨씬 능가하는 거겠지. 그렇다면 파티장식가로서 일하는 것이 더 낫지 않겠니?

코르도소는 제대로 할 수 있을 때까지 계속 시도하는 것이 중요하다고 말했어. 그는 "만일 당신이 좋아하는 무엇인가를 찾는다면, 결국에는 멋지게 해 낼 수 있을 겁니다."라고 했지. "제가 가지고 있던 많은 계획들 중 다수는 잘 되지 않았습니다. 하지만 저는 끊임없이 노력했고, 결국 그것들이 제대로 되도록 만들었습니다." 가장 중요한 것은 물러서지 않는 거야. 코르도소는 피자헛(Pizza Hut)과의 계약에서 실패했을 때에도 자신의 아이디어는 여전히 실행할 만한 가치가 있다고 판단했단다. 그 당시에 피자헛과는 맞지 않았지만 다른 일에서는 괜찮을 것이라고 믿었어. 그리고 그가 옳았지. 그의 끈기와 노력이 결실을 맺었던 거야. 코르도소는 결국 웬디스(Wendy's), 볼보(Volvo), 슈퍼마켓 체인인 숍라이트(ShopRite), 그리고 벨사우스(BellSouth) 등과 계약을 성공시켰어. 그는 그의 성공적인 사업을 1999년에 팔았고, 현재는 다른 어린 기업가들을 위해 성공적인 사업을 운영하는 방법에 대해 글을 쓰고 강연하며 도움을 주고 있어.

그러니 가끔 실패하는 것은 단순한 삶의 일부분이지. 네가 실패자라고 못박는 것은 결코 아냐. 그저 하나의 도전으로 받아들여 봐. 그것들 때문에 네가 인생에서 패배하게 만들지 말고, 유연하게 대처하면서 그것들을 짓눌러 버리자구. 만일 네가 다시 일어서서 한 번, 또는 열 번이라도 더 사업을 운영할 수 있다면, 모든 것이 제대로 되도록 만드는 방법을 찾을 수 있을 거야. 코르도소는 이렇게 말했어. "실패에는 아무런 방법이 없습니다. 물론 당신은 지쳐버리겠죠. 하지만 중요한 사실은, 당신이 어릴 때는 잃을 것은 별로 없고 발전할 시간은 많기 때문에, 사업을 다시 시작하고 실수로부터 배울 수 있다는 겁니다."

실패를 딛고 일어서는 것이 말로만 쉽지 실제로는 어렵다고 생각할 수도 있어. 어쩌면 사실일지도 모르지. 하지만 적어도 노력할 만한 가치가 있는 일이야. 한 번 생각해 봐. 토머스 에디슨(Thomas Edison)은 전구를 발명하기 위해 10,000번의 실험을 했어. 또다른 증거가 필요하니? 칼 칼슨(Carl Carlson)은 제록스(Xerox)라는 복사기를 만들기 위해 17년 동안 시험하고 수선하기를 반복했지. 마이클 조던(Michael Jordan)은 고등학교 농구팀에서 쫓겨났었어. 하지만 그는 다행히도 농구를 그만두지 않았어. 그리고 베토벤의 음악 선생님은 그가 가망이 없는 작곡가라고 말했었단다. 운 좋게도, 그는 음악을 포기하지 않았고.

여기서 말하려고 하는 것은 분명해. 만일 네가 너 자신을 실패자라고 생각하거나 다른 사람들이 너를 실패자라고

여기도록 가만히 둔다면, 너는
멋진 것들을 이룰 수 있는 기회를
놓치는 거야. 실수로부터 배우고
또 시도하는 위험을 감수하는
것이야말로 위대한 기업가의
모습이란다.

 **부록 1. 용어설명**

* 고객 – 재화를 사거나 서비스를 위해 돈을 지불하는 손님

* 광고 – 사업과 판매물품에 대해 알리기 위해 통지서나 공고문을 만들고 알리는 것

* 기대수익률 – 투자나 사업에서 얻어질 것으로 기대되는 이윤의 비율

* 기업인 – 혁신적인 사업 아이디어를 창조하여 위험을 감수하면서 그것으로 자신의 기업을 조직하고 관리하여 세우는 사람

* 다중작업 – 동시에 여러 개의 작업을 수행하고 조직하는 것

* 로고 – 기업을 쉽게 인식시키기 위해 고안된 이름이나 상징

* 마케팅 – 기업의 재화나 서비스를 알리고 판매하기 위한 전략적인 계획

* 매매계약 – 재화나 서비스를 매매하는 데 필요한 판매자와 구입자 간의 계약

* 매출총이익 – 비용을 감하기 전의 총수입

* 배당 - 기업 이윤 중 주주들에게 지급되는 돈

* 비용 - 사업을 시작하거나 유지하기 위해 소비하는 돈

* 빚 - 빌린 돈

* 사업계획서 - 목표를 세우고 그 목표를 이루기 위한 아이디어
및 그것을 위해 필요한 자원 등을 분석한 서류

* 사용자 - 자신을 위해 일하는 한 명 이상의 사람들에게 돈을
지불하는 사람

* 세금(조세) - 지속적인 사회보장과 공공서비스를 위해 국가에
의무적으로 지불하는 돈

* 세입 - 기업이 재화와 서비스의 판매로부터 산출해 내는 돈

* 순이익 - 총수익에서 기업을 운영하는 데 든 비용을 감한 금액

* 시장조사 - 잠재적 고객들에게 어떤 일이나 아이디어가 어떻
게 받아들여질지 알아 내기 위해 수집하는 자료

* 예산 - 일정한 기간 동안 필요한 지출을 부담하기 위한 돈의
계획

* 용돈 - 매주, 또는 매달 부모님이 아이들에게 주는 일정량의 돈

* 위험부담 - 시간이나 돈 등의 투자를 손실할 가능성

* 유연성 - 새롭거나 다르게 변화하는 요구사항에 적응할 수 있
는 준비성

* 이자율 - 예금한 돈에 대해 받는 이자의 비율

* 자원 봉사 – 무보수로 일하면서 돈이 아닌 경험을 위해 시간과 노력을 쏟는 것

* 전문성 – 일과 직장에서 정중하고 성실하며 사무적인 성격을 보이는 것

* 주식 – 기업의 일부를 공유하는 것. 기업의 주식을 산 사람을 주주라고 하는데, 이는 기업의 일부를 소유한 사람을 의미함

* 주식시장 – 주식의 매매가 이루어지는 곳. 국가간의 주식과 채권의 가격이 정해지는 곳

* 창조성 – 상상력을 이용하여 독창적이고 혁신적인 해결법이나 상황, 상품 등을 생각해 내는 능력

* 초기비용 – 기업을 시작하는 데 발생하는 비용

* 투자 – 시간이 지난 후 재정적 수익을 얻는 것을 목적으로 돈을 맡기는 것

* 포커스 그룹 – 상품 조사를 위한 조사대상 집단

* 피고용인 – 다른 사람이나 사업을 위해 일해 주는 대가로 돈을 받는 사람

* 호기심 – 주위의 세상에 대해 발견하고, 알아 내고, 그리고 배우는 것에 대한 욕망

* 홍보 – 기업이 제공하는 재화와 서비스를 최대한 많은 사람들에게 알리는 것

"$" 라는 기호의 기원에 대해서는 여러 가지 이론이 있어. 가장 유명한 것은 멕시코나 스페인에서 쓰이던 페소(peso)를 의미하는 "P's"에서 비롯되었다는 이야기야. "P,"가 점차적으로 바뀌어서 결국은 "$" 라는 기호와 비슷하게 되었다고 해.

유럽 중앙 은행(European Central Bank)은 2002년에 유로(euro)라고 불리는 단일통화를 도입했어. 이것이 참가를 결정한 12개국의 통화를 대체했지(그리고 3개국은 앞으로 받아들일지도 몰라). 이미 유로를 사용하고 있는 나라가 어디어디인지 아니? (프랑스, 이탈리아, 독일, 그리스, 포르투갈, 핀란드, 아일랜드, 네덜란드, 벨기에, 룩셈부르크, 오스트리아, 스페인) 아직도 고려하고 있는 3개 국은? (덴마크, 영국, 스웨덴)

크기나 가치를 비교했을 때, 세계에서 가장 큰 동전은 1850년쯤에 알래스카에서 사용된 구리동전이야. 거의 1미터나 되는 길이에 너비는 0.5미터 정도였지. 무게는 40킬로그램이었고, 놀랍게도 230만원($2,500) 가까이 되는 가치를 지니고 있었단다.

부록 2. 한마디로 직업이란!

사업을 위한 멋진 아이디어를 구상하는 데 도움이 필요하니?
다음의 힌트들은 일자리를 위한 고민해결에 도움을 주거나,
다른 아이들과의 차별화를 갖는 법을 알려줄 거야!

🔹 베이비 시터(아이 돌보기)

☆ **기본적인 직업 설명 :** 어린 아이들을 돌보는 것

☆ **재화/서비스 :** 서비스

☆ **계절적/연중 가능 :** 연중 가능

☆ **약간의 변형 :** 부모가 집에 있을 때 서비스를 제공해 보렴.
저녁을 준비하는 동안 아이를 돌보기 위해 너를 필요로
하실지도 몰라. 서비스의 선택권을 좀더 넓혀 보는 것도
괜찮아. 단순히 아이들이 말썽을 일으키지 않도록
돌보기보다는 아이들의 숙제를 도와 주는 건 어때?

☆ **적당한 가격 :** 주위에서 다른 아이를 돌보는 사람들이 받는

가격을 알아 보고 그와 비슷한 범위에서 유지하는 것이 좋아.
만일 아이의 안전을 지키고, 자는 것을 준비시키고, 잘 때
동화를 읽어 주는 일 등의 주요한 책임을 지고 있다면,
단순히 엄마가 쿠키를 굽는 동안 아이를 살펴보는 것보다
조금 더 많이 요구할 수도 있을 거야.

☆ **문제 해결하기** : 아이를 돌보는 것뿐만 아니라 함께
놀아주거나 무엇인가를 가르쳐 주겠다고 약속한다면 상당히
바빠질 거야. 기본적인 방법을 익히기 위해서는 몇 달간
경험을 쌓아야 한다는 것을 명심하렴. 또한 활동을
제공한다는 것은 미리 시간을 들여서 계획을 짜 두어야
한다는 것을 의미해. 필요한 물품은 확실히 준비해 두어야
해. 아이가 무엇을 좋아하고 무엇을 싫어하는지 미리 알아
두는 것도 도움이 될 거야.

☆ **소문 퍼뜨리기** : 좋은 베이비 시터가 되기 위해서는 꽤
조직적인 체제가 필요해. 비상시를 대비한 연락망을
만들거나, 네 고객들이 아는 사람들에게 줄 수 있는 명함을
만드는 것을 잊지 마.

심부름꾼

☆ **기본적인 직업 설명**: 다른 사람들이 원하는 잔심부름을 대신
해 주는 것

☆ **재화/서비스** : 서비스

☆ **계절적/연중 가능** : 연중 가능

☆ **약간의 변형** : 사람들이 잊어버리는 것들이나 할 시간이 없는 것들을 생각해 봐. 우체국에 소포를 가지고 가는 것, 세탁한 옷을 가지고 오는 것, 집 밖에 쓰레기를 내 놓는 것, 신문을 문까지 가지고 오는 것 등이 있을 수 있어.

☆ **적당한 가격** : 집에서 몇 블록 떨어진 곳까지 가야 하는 심부름의 경우에는 몇 천원 정도 받을 수 있어. 만일 많이 이동해야 하는 심부름이 아니라면 좀더 적게 받아야 해.

☆ **문제 해결하기** : 일을 마치는 것도 중요하지만 안전이 항상 더 중요해. 네가 한 번에 할 수 있는 양 이상을 하려고 하지 마. 시장 가방을 두 개나 들고 오는 것은 꽤 힘들 거야. 차라리 하지 못하겠다고 말하는 게 모든 것을 망치는 것보다 나아. 만일 계란 한 판을 깨뜨린다면 다시는 네게 이 일을 할 수 있는 기회는 주어지지 않을 테니까. 그리고 불편하게 느껴지는 곳에는 굳이 가려고 할 필요가 전혀 없어. 일거리 제안을 부드럽고 공손하게 거절하는 법을 배우렴. 너는 언제나 너의 입장을 설명할 수 있고, 좋은 고용주라면 너의 의견을 존중할 거야.

☆ **소문 퍼트리기** : 성공적인 심부름꾼이 되려면 넓은 지역에 걸쳐 연락할 수 있어야 해. 미래의 고객이 될 만한 사람들이

볼 수 있는 곳에 광고지를 붙여 봐. 동네 잡화점, 우체국,
또는 세탁소 정도면 될 거야.

공예가

☆ **기본적인 직업 설명** : 파티 기념품이나 장식, 개인적 선물
등을 만들어 주는 것

☆ **재화/서비스** : 재화

☆ **계절적/연중 가능** : 연중 가능

☆ **약간의 변형** : 재화 중심의 사업에 서비스를 더해 봐. 만일
네가 장식을 맡았다면, 약간의 돈을 더 받고 그 장식들을
올바르게 배치까지 해주는 것은 어때? 아니면 꼭 사람들이
사용하는 것만을 만들 필요는 없지. 강아지나 고양이를 위한
개인적인 애완동물용 접시는 동물 애호가들 사이에서 큰
성공을 거둘 거야.

☆ **적당한 가격** : 네가 만든 물건의 가격뿐만 아니라 거기에
소비한 시간까지 고려하는 것을 잊지 마. 한 시간당
이삼천원씩, 그리고 재료비까지 더한다면 네 제품은 좀더
매력적으로 보일 것이고 네 가치는 더 높아질 거야.

☆ **문제 해결하기** : 네가 즐길 수 있는 물건을 만드는 데 가장
많은 시간을 투자하는 게 좋아. 스스로를 피곤하게 만들 만큼
많은 서비스까지 주문받지는 마. 예를 들어, 만일 학교

때문에 특별히 바쁜 시기라면 파티장식품을 배치해 주겠다는 약속 따위는 하지 말고 그냥 배달만 하는 거야.

☆ **소문 퍼트리기** : 너의 제품을 팔기 위해서는 약간의 홍보가 필요해. 전문적인 명함을 가지고 있다면 소문이 퍼지기 쉬워. 만일 너의 상품 안에 멋지게 디자인 된 명함을 살짝 넣어 둔다면, 그 고객은 다음 행사 때도 너를 기억할 거야.

강아지 대신 산책시켜 주기

☆ **기본적인 직업 설명** : 아침이나 하교 후에 강아지를 산책시켜 주는 것

☆ **재화/서비스** : 서비스

☆ **계절적/연중 가능** : 연중 가능

☆ **약간의 변형** : 꼭 강아지가 아니더라도 너의 사랑과 보살핌이 필요한 애완동물들은 많아. 새들은 청소된 새장을 원하고, 고양이들은 깨끗한 화장실이 필요하며, 햄스터들은 주인이 어디 갔을 때에 먹이를 갈아 줄 사람이 필요하단다.

☆ **적당한 가격** : 강아지를 산책시킨다면 하루에 이삼천원 정도가 적당해. 만일 주인이 집을 비웠을 때, 그 집까지 가서 강아지에게 먹이를 주고 산책시킨 다음 애완동물을 위해 그 외의 다른 일까지 한다면 좀더 요구할 수도 있지.

☆ **문제 해결하기** : 굉장히 독특한 애완동물들도 있다는 것을

주의해야 해. 아무리 네가 크기에 상관없이 모든 동물들을 사랑한다고 해도, 애완 보아뱀을 돌봐 주는 일은 네가 무슨 일을 해야 하는지 정확히 알아야 해. 그리고 사전에 많은 준비를 해야 한단다. 애완동물 주인이 네가 혼자 힘으로 알아 가도록 내버려 두고 떠나기 전에 애완동물에 대해서 많은 것들을 물어 봐. 바둑이가 고양이를 좋아하지 않는다고? 산책을 시키다가 앞에서 고양이가 오고 있다면 길을 건너버리렴.

☆ **소문 퍼트리기** : 동네 애완동물 가게에 포스터나 명함을 두는 것은 애완동물 주인들을 끌어들일 수 있는 멋진 방법이야.